松崎久純 MATSUZAKI Hisazumi

英語で仕事をしたい人の必修14講

慶應義塾大学出版会

まえがき

本書は、実用的な英語を習得するためのノウハウを学ぶ本です。大学で14コマ（1学期分）の授業を受けるスタイルで学べるのが特徴です。

本書は、以下の方々のために書かれています。

・英語を身につけて、国際的に活躍するビジネスパーソンになりたい学生、社会人の方
・英語を使う仕事を自分のキャリアに取り入れたい学生、社会人の方
・すでに国際的な業務や英語を使う仕事にたずさわっている社会人の方で、更に英語力を向上させたい方
・実用的な英語の学び方を知りたいすべての方

まだ英語であまり会話をしたことがない人たち（入門者）にも、留学あるいは業務などで英語を使ったことがありながら、一層の上達を目指す人たち（初級者、中級者）にも活用していただける内容です。

国際的なビジネスパーソンとして活躍するための英語を学ぶときに、前提として知っておきたいことをはじめ、「聞く」「話す」「読む」「書く」の習得方法、コミュニケーションや文化についての事柄など、幅広いテーマをカバーしていきます。

著者は、1980年代後半から米国の大学へ留学し、卒業後は現地にて就職しました。1990年代後半に帰国後、日本のメーカーに勤務し、欧州市場、アジア市場を担当。その後、コンサルティング団体にて、企業

のグローバル化に関連した業務や国際機関を通じた海外人材の教育にもたずさわってきました。

現在は独立したグローバル人材育成の専門家／経営コンサルタントであり、これまでに25ヶ国100都市以上での業務経験があります。

英語学習本の執筆も長年行っており、英語学習法については、慶應義塾大学大学院システムデザイン・マネジメント研究科において、2008年度より継続して担当している授業の中で扱ってきました。

本書は、これから実用的な英語を学ぶ人たちに親しんでいただけるよう、具体的な実例を満載にしてあります。

そして、第1講〜第14講のおわりには、各講の大きなポイントを「本講のPoint」としてまとめました。

また、1人またはグループで演習もできるよう、各講につき2問の演習問題を「Exercise 答えのない演習問題」として用意しました。

加えて、各講のおわりにはコラムもありますから、合わせてご覧ください。

大学で授業を受けているようなイメージで、ぜひ取り組んでいただければと思います。

本書は、学生や社会人の方々が独自に学ぶために読んでいただくことも、大学の授業でそのまま使っていただくこともできます。

第1講〜第14講は、著者が講師を務めるなら14コマをこのように進めていくという順序になっていますが、読者の皆さんには、関心のある講から読み進めていだだければ結構です。

本書の企画と編集では、慶應義塾大学出版会出版部の奥田詠二さんにたいへんお世話になりました。ここに感謝の意を表します。

本書が熱心に英語を学習される方々のお役に立つことを願います。

2021年10月
松崎久純

Contents

第8講

電子辞書やインターネットの活用について

第9講

どんなフレーズからマスターしていけばいいのか —— 覚えるべき「簡単なフレーズ」とは

第10講
留学先／赴任先で待っている事柄 ①

第11講
留学先／赴任先で待っている事柄 ②

第 12 講

恥ずかしい思い、気まずい思いをせずに、上達することはない

第 13 講

アウトプットの機会を見つける

Column

Epilogue

イントロダクション
―― 英語学習に取り組む「国際的なビジネスパーソンとして活躍したい人」が、前提として知っておくべきこと

ここでは具体的な内容に入る前に、学習から成果を導き出し、仕事でも活用できるようになるために、前もって知っておきたい事柄をカバーしていきます。よく理解して、意識を高く持つことで、英語学習を実りあるものにしていきましょう。

全14講のはじめの講になります。本講では、国際的に活躍したいビジネスパーソンを目指す人たちがマスターすべき英語の特徴や、学習をするときに気をつけたい点などについてお話ししていきます。

難しい話が出てくるわけではありませんが、どれも英語を身につけるにあたって、知っておくと有利になる事柄ばかりです。

逆に、これらについて考えたことがないと、せっかく学習を積み重ねても、費やした労力に見合う成果が見出しにくくなってしまいます。

よく考えながら、じっくりと見ていきましょう。

■ 世界の共通語は "Simple English"

まず、英語には2種類のものがあることを意識しておきましょう。それらは「ネイティブスピーカーの英語」と「世界の共通語としてのSimple English（シンプル・イングリッシュ）」です。

この2種類のうち、私たち[★]が学ぶのはシンプル・イングリッシュの

ほうです。

ネイティブスピーカーの英語は、英語圏で育った人たちや、(個人差はありますが) 高校2年生くらいまでに英語圏で生活をはじめるなどして英語を身につけた人たちの使う英語です。ネイティブスピーカーの英語は、イギリス語やアメリカ語などとも呼ぶことができるでしょう。

これに対してシンプル・イングリッシュというのは、英語のノンネイティブスピーカー〔英語を母語(ネイティブランゲージ)としない人たち〕が、英語のネイティブスピーカーや、自分とは異なる言語を母語とする英語のノンネイティブスピーカーとコミュニケーションを取るために使う、世界の共通語としての英語です。

シンプル・イングリッシュは、その名の通り、イギリス語やアメリカ語と比べるとシンプルでやさしい英語になります。

インターネットで、たとえばWikipedia(インターネット上の百科事典)のページを見てください。そこに日本語で「ジョー・バイデン」と打ち込んで検索してみましょう。

日本語でページが現れますが、そこで言語を選択できるセクションを見てみます。米国の大統領のことですから、実に多くの言語によるページがあります。

その言語欄に、English とは別に Simple English があるはずですから探してみましょう。English と Simple English の両方のページを見て、比較してみてください。

English はイギリス語でありアメリカ語ですから、それに慣れていない人には難解なはずです。それに対して Simple English のほうは、比較的やさしく書かれていると感じるのではないでしょうか。

[★] ここで言う「私たち」とは、目安として高校を卒業する1年くらい前から、あるいは高校を卒業してから、はじめて本格的に英語のスキルを身につけようとする人たちのことです。著者は長年の考察から、ネイティブスピーカーの英語は、遅くとも高校2年生くらいまでに、英語圏で生活するなどして、実際に使っていないと身につかないと判断しており、それ以降に開始した学習や実践で身につけることができるのは、ほとんどの場合シンプル・イングリッシュのほうだけと考えています。

Wikipedia で「他言語版」の項目をクリックすると“Simple English”の項が現れる

Wikipedia で検索できるすべてのキーワードに Simple English のページがあるわけではないようですが、世界的に有名な人名や固有名詞などでは見つけることができますから、他にもいろいろと試していただきたいと思います。

私たちは Wikipedia の English のページは読みこなせなかったとしても、Simple English のほうは読めるようになりたいのです。なぜかというと、国際的に活躍する私たちに求められるのはシンプル・イングリッシュであり、実際に習得できるのもシンプル・イングリッシュのほうだからです。

ここで間違って English のほうにこだわると、必要以上に難しいものを習得しようとしていることになり、英語学習がとてつもなく難しいものになってしまいます。English のほうを習得して使いこなすのはもともと困難で、途中で嫌になっても不思議ではありませんから注意が必要です。

私たちは、聞くことも、話すことも、読むことも、書くことも、シンプル・イングリッシュであればできるという状態になりたいのです。

どこまでがシンプル・イングリッシュで、どこからがネイティブスピーカーのそれなのか、現在は判断がつかないと思いますが、それは学習を続けると感覚的にわかってくるようになるものです。

■「日本語お上手ですね」が意味すること

次の例を紹介しておきましょう。

著者の私は日本語のネイティブスピーカーで、私の話す日本語は、外国人で日本語のわかる人たちの話す「共通語としての日本語」とは違うものです。

東南アジア人の知り合い数人と料理屋さんへ行ったときのことです。温泉旅館の中にある和食のお店で、座敷の部屋に通してもらいました。知人たちは日本に何年か住んでいて、日本語だけでも行動のできる人たちで、お店の従業員の人たちからも日本語が上手だと感心されていました。

すると、私の隣にいた従業員が、私に「お客さんは日本の方ですよね」と問い掛けてきました。「ええ、そうですよ」と答えると、「やっぱりそうですよね。話し方が日本人ですものね」と言うのです。

つまり、従業員の人たちは私の知人たちの日本語を褒めてはいますが、日本人の話す「ネイティブスピーカーの日本語」としてではなく、共通語としての「シンプル・ジャパニーズ」として聞き、その上で上手だと言っているわけです。

シンプル・ジャパニーズは、日本語のネイティブスピーカーにも通じる日本語で、十分にコミュニケーションを取れるのですが、「ネイティブ・スピーカーの日本語」とは違います。それは日本語のネイティブスピーカーである私が「奥の席へどうぞ」と促されたときに言う「ああ、私、手前のほうで結構ですので」とか、「(そちらで) よろしいのですか」と聞かれて言う「ええ、私が注文まとめたほうが、たぶんいいですから」といった話し方とは違う、ある意味で教科書通りの日本語なのです。

話し方のトーンや間(ま)も含めて、日本語に熟練した人たちには、日本語のネイティブスピーカーが話す日本語とシンプル・ジャパニーズの違いは、聞けば（あるいは読む場合でも）すぐにわかるものです。

現在シンプル・ジャパニーズを話している人で、高校3年生より年齢が上の人たちは、書くほうもシンプル・ジャパニーズになります。これはシンプルな日本語しか書けないことがよくないという意味では決してありません。

彼らがこれからいくら日本語を書く練習をしても、日本語のネイティブスピーカーで文章の上手な人たちが書くようには、まず書けるようにならないことは想像できると思います。したがって彼らにとっては、むしろシンプル・ジャパニーズをしっかりと書けることが大事で、それが彼らの学ぶべきことなのです。

この例からわかる通り、私たちも英語のネイティブスピーカーが上手く書くようには、残念ながら、なれるものではありません。その代わりシンプル・イングリッシュを使ってビジネスもできるよう、書くスキルを身につけることが大切です。

シンプル・ジャパニーズを話す人たちが、和食のお店の従業員に「上手ですね。感心しますよ」と言われるように、シンプル・イングリッシュを書く私たちも、英語のネイティブスピーカーや、あるいはネイティブでなくとも熟練した人たちから「上手に書けていますね。十分に理解できますよ」と言われるスキルを身につければ、それがネイティブの持つスキルとは異なっていても構わないのです。いずれにしても私たちの英語スキルは、そこに落ち着くものでもあるのです。

■ 誰が英語でビジネスをしているのか

「ネイティブスピーカーの英語」と「世界の共通語としてのSimple English（シンプル・イングリッシュ）」の話をしてきましたが、英語のネイティブスピーカーは、世界中にどのくらいいるのでしょうか。

これを企業の人たちが集まる研修で考えてもらうと、多く出てくるのは「4億人くらい」という答えです。アメリカ、イギリス、オーストラリアなどと英語圏の国々の人口を足して、それらの国々に住みながら他の言語が母語であろう人たちの数を差し引くと、かなり大まかな計算になりますが、このくらいが英語のネイティブスピーカーの人数だと思えます。

もちろん英語圏以外の国々にも、子供の頃から母語と同じように英語を話したり書いたりしてきた人たちが数多くいるはずですが、そうした人たちの人口を加算したとしても、その総数は、世界人口に比べてかなり少なく見えます。

つまりノンネイティブスピーカーとして、すなわち世界の共通語として英語を使う人の数は、ネイティブスピーカーとして英語を使う人たちの数よりも相当に多いようです。

そこで以下の3つのパターン（a〜c）を比較してみましょう。このうちのどれが多く、どれが少ないと思いますか。

a. 英語のネイティブスピーカー同士が英語で行うビジネス
b. 英語のネイティブスピーカーとノンネイティブスピーカー（世界の共通語として英語を使う人たち）が英語で行うビジネス
c. ノンネイティブスピーカー（世界の共通語として英語を使う人たち）同士が英語で行うビジネス

ネイティブスピーカーとノンネイティブスピーカーの人口の割合から考えると、bとcは、aよりも多いことが想像できるのではないでしょうか。

このように見てみると、世界中の実に多くの人たちが英語を使ってビジネスをしており、英語のネイティブスピーカーにとっても、ノンネイティブスピーカーにとっても、英語でビジネスをする相手が英語のネイティブスピーカーでないのは、ごく普通のことであるのがわかります。

そうなると、英語ができないために世界中で行われているビジネスに参加できないことがあるとすれば、それは実にもったいないことに思えるのではないでしょうか。

「自分は英語わかりませんので……」と言うことすらも、国際的な事業にたずさわる会社にいれば、決して褒められたことでないのがわかるはずです。

■「言わなくてもわかる」は通用しない

言葉が通じないとどのように困るのか。それは実際に体験すればわかることですが、自分が困るだけでなく、そのために周りに迷惑をかけてしまったり、問題を引き起こしてしまうこともあります。

問題というのは、たとえば業務で海外へ赴任した人が、現地の従業員とのコミュニケーションが上手く取れず、現地法人をマネジメントできなくなってしまうことなども含みます。

よくあるのが、赴任者が英語も現地語もわからないのに、態度は高圧的で、現地従業員との関係がわるくなり、ひどい場合には現地従業員の退職が連続するようなことです。

著者はベルギーで物流拠点の立ち上げにたずさわったことがあり、その際にはしばらく現地に滞在していました。立ち上げたばかりの倉庫に、あるとき2人の作業者が、他の同じ日系の会社から転職してきました。

彼らが一緒に会社を変わったのは偶然ではないようでした。彼らによれば、以前の会社では、日本人赴任者たちの横柄な言動に耐えられなくなった何人もの作業者がほぼ一斉に退職したとのことで、そのうちの2人が自分たちだというのです。

その会社には日本人赴任者が2人いたそうなのですが、2人とも英語も現地語もまともに話すことができず、命令口調の英語か日本語で怒鳴るだけで、作業者たちは仕事の仕方がわるいといつも非難されていたとのことでした。

彼らは、日本人赴任者の語学力が足りず、コミュニケーションを取れないのが原因で上手くいっていないのに、自分たちの能力が低いと言われるのが本当に嫌だったと話していました。

私自身はこうした赴任者と現地従業員の間のトラブルを聞くのは、はじめてではありませんでした。欧州で白人を相手にというのは、あまり聞いたことがありませんでしたが、日本人が威張っているアジアなどでは、残念ながらよく見聞きする話だったからです。

この話を聞くと、問題は言葉が通じないことだけではありませんが、赴任者たちが多少なりとも英語を話すことができ、コミュニケーションを取ることができれば、これほど関係が悪化することはなかったのではないかと思えます。

日本人赴任者が「仕事はそんなに詳細まで説明しなくても、相手も専門家だからわかるはず」と考えていたりすると、現地従業員に期待しているようには動いてもらえず、お互いに理解できないことが増えていきます。

仕事は、お互いに精通した言語で、よく話し合ったつもりでも理解し合えないことが多いもので、「言わなくてもわかる」というような考え方は成り立つものではないのです。

■ できないことを正当化してはいけない

私などが驚いてしまうのが、こうした話になると「そんなことを言っても、自分たちは英語がわからないのだから」と、あたかも現地従業員たちとコミュニケーションを取る責任を放棄するようなことを言う人がいることです。

英語なり現地語を覚えようとせず、意思疎通できないことを正当化するような風潮は、実は多くの日本企業の中にあります。たとえば海外営業をする部門では、皆が語学習得の必要性を認識し、学習に熱心でも、生産を担当する部門では、外国語なんてやる気もないといった形で存在するわけです。

そうした人たちは、「現地で日本語のわかる人を雇えばいい」とか「必要なときに誰かに通訳してもらえばいい」と安易に考えていて、コミュニケーションを取ることは自分の仕事ではないという捉え方をしています。それで、自分たちは英語など覚えなくてよいとなってしまっているわけです。

こうした風潮があるところでは、外国語を身につけて外国人と意思疎通できることの価値を意図的に下げようとする発言も聞くことがあります。「言葉だけわかっていても仕方がない」とか、「英語屋にやらせておけばいい」といったことを言う人はいるものです。

このように人の努力や成果など、何かの価値を下げようとする行いをインバリデーション（invalidation）と言います。彼らはインバリデート（invalidate）して、外国語がわかることや学んでいることを価値の低いこと、または価値のないことのように見せて、自分ができないことや、取り組まないことを問題ではないように見せようとします。

すなわち自分ができないことを正当化するために、できる人をインバリデートするわけです。

こんな風潮が蔓延してしまえば、そこからよいものは生まれてきにくいものです。前向きに学ぶ人たちは、インバリデートなどするのは愚かなことで、それが全体のレベルを下げてしまうことも知っています。

ぜひこのような行為はなくなってくれることを願っています。

■簡単かどうかの基準はどこに置くか

ここからは、英語を身につける学習をするときに気をつけたいことを見ていきます。

まずは英文や英会話センテンスを見たときに、何を基準に「簡単かどうか」を判断しているか。これについて考えてみましょう。

社会人を対象とした研修などで、入門者や初級者向けの英会話教材を見せて、「これは簡単だと思いますか」と聞くと、多くの人が簡単だと答えます。しかし、続けて「これを見ないで同じことを話せますか」と尋ねると、これに対しては「はい」という反応が少ないのです。

どうやら、読んで理解できれば簡単と考える人が多いようで、それが話せるかどうか、特に「見なくても話せるかどうか」については、あまり考えられていないように見えます。

「簡単かどうか」は、読んで理解できるかではなく、それを見なくても即座に話せるかどうか、あるいは書けるかどうかを基準に考えるべきです。

これを意識しておくと、適切な難易度の教材を選べるようになります。

私から見ると、多くの人たちが、練習することさえ難しいような難解な教材を使っており、それで嫌気が差して継続できなくなる人も多いように見えます。

続けて使うことのできない教材は、自分にとって難しすぎるのだと考えてください。

難しいものに取り組むことで勉強した気になり、そのことに満足しているケースも多いようですが、それよりはむしろ、成果を得るまで続けられることのほうが大切です。

私たちは成果を出したければ、難なく続けられる教材を選ぶ必要があります。特にまだ英語であまり会話をしたことがない段階の人は、わずかな数の単語からなるセンテンスを学ぶのが適当です。

どの程度の難易度のものが適当かについては、第９講「どんなフレーズからマスターしていけばいいのか —— 覚えるべき『簡単なフレーズ』とは」で、より詳細に解説をしていますから、追ってじっくりと見ていただきたいと思います。

■「学生しゃべり」ではなく、「ビジネスパーソンとしての言葉遣い」を

言葉遣いや話し方についての注意点です。国際的なビジネスパーソンとして活躍したい人は、「学生しゃべり」ではなく「ビジネスパーソンとしての言葉遣い」を覚えていく必要があります。

海外へ留学した学生の多くが、いわゆる「学生しゃべり」だけを覚えて帰国します。日本にも敬語を話せない学生は多くいますが、それと同じように、ビジネスパーソンとして必要な英語の言葉遣いや話し方は知

らず、社会人として見れば「みっともない英語」を話していることもめずらしくありません。

まだこれから英語を学びはじめる人たちに、今の段階でそこまでを求めるのは酷（こく）ですし、まずは意思疎通できるようになることを優先して考えるべきではありますが、私たちが目指しているのはビジネスパーソンとして相応しい話し方であることは覚えておくようにしましょう。

「学生しゃべり」がネイティブ英語というような勘違いがされていることもあるようですが、日本に留学中の外国人学生が、ラフな日本語だけを話し、丁寧な言葉遣いができない様子を想像してください。日本で何年も過ごした留学生が、まるで敬語を話せないとしたら、そのことから何を感じるでしょうか。

話し方というのは、その人の過ごす環境や付き合っている人たちの姿を映し出します。ビジネスを抜きにしても、そのことについてはよく意識しておきたいものです。

丁寧な言葉遣いや話し方については、第 14 講「丁寧な言葉遣いを身につける」で詳細を解説しています。

英語を話すことについて、「文法など覚えなくてもブロークンで通じる」と言う人たちもいますが、それは本書の読者が目指すところではありません。

ブロークンで通じるというのは、むしろブロークンで通じたことがあると言うべきことです。文法も何も知らなくても、実際に意味が通じることはあります。

先日も電車の中で、私の目の前に立った人が「あの～新宿……」と言いました。そのイントネーションから外国人とわかりましたが、その人が口にしたのはそれだけです。それでも新宿への行き方を知りたいことは伝わりましたから、説明してあげることはできたわけです。

このように日本語を話したとは言えない一言でも、用件が通じることはあるのですから、まともな英語を話していなくても相手が意味を理解してくれることはあるわけです。しかしながら、それをもって「文法など覚えなくてもブロークンで通じる」と言うのは無理があります。

不完全な言い回しやスラング（slang、俗語）でも通じればOKというのは、入門者や初級者だけに許されることと考えましょう。これは話すことだけでなく、書くことにおいても同様です。

■ 言葉遣いの適切性を学ぶ

テレビ語とでも呼ぶのでしょうか、会社でもそんな言葉を使う人たちがいて驚くことがあります。「いや、いや、いや、いや」というのが、その１つです。言うまでもなく、こんな話し方は仕事中にするものではありません。話している本人は、そうした自覚はないのでしょう。

私たちが英語を話すときにも、自覚のないまま適切とは言えない話し方をしてしまうことがあります。日本語（あるいは母語）と比べたら、あまり聞いたこともない言語のため、その言葉が表すことの意味やインパクトがわからないのです。

よく見聞きするのは“No, No, No!”というフレーズです。

そう口にする人は、「いえ、結構です」くらいの意味を伝えるつもりなのですが、これを言われたほうは、「ダメ、ダメ、ダメ」「いらない、いらない、いらない」と否定や拒否をされた気持ちになります。

飛行機の中で、「もう少しコーヒーはいかがですか」と尋ねながら、ポットを持って近づいてくる客室乗務員に対して、自分のコーヒーカップの上に手を置いて、首を何度も横に振りながら“No, No, No!”と言う人を見たことがあるのではないでしょうか。

これはまるで「あ〜、いりませんよ。余計なことしないで」と言っているように聞こえます。

サービスを受ける立場なら、これでも許されるのでしょうが、私たちとしては、こうしたときの言葉の使い方や振舞い方も洗練させていきたいものです。

日本には謙遜し合う文化がありますから、別の意味でも日本人は“No, No, No!”が大好きです。

「明るくて礼儀正しいお子さんですね」と言われて、「外面（そとずら）がいいんですよ」と返したりする人が、未だにいるのが日本です。世界のスタンダードと言える会話は、もっと自然でポジティブなもので、褒めてもらったら否定などせず、お礼を述べるのが普通です。

それを知ってか知らずか、たとえば英語で「奥様も職業を持たれてご活躍だそうですね」と言ってもらっているのに、「No, No, No! 何をやってるんだかわかりませんよ」とか、「御社は若い方が多くて活気がありますね」と褒めてもらっても、「No, No, No! 若いだけで、経験がないのが多いですから」といった受け答えをしてしまう人も少なくないようです。

英語を学んでいく過程では、こうした意味での英語（世界の共通語）による会話の仕方も学ぶことを意識したいものです。

本講の Point

◎英語には「ネイティブスピーカーの英語」と「世界の共通語としての Simple English（シンプル・イングリッシュ）」があり、私たちが学ぶのはシンプル・イングリッシュのほうである。

◎「簡単かどうか」は、読んで理解できるかではなく、見なくても言えるか、あるいは書けるかを基準に考えるべきである。

◎国際的なビジネスパーソンとして活躍したい人は、学生のようなしゃべり方やブロークンな英語ではなく、ビジネスパーソンとしての言葉遣いや話し方を覚えていく必要がある。

Exercise

答えのない演習問題

1人または
グループで
考えてみよう

Q. 1-1

これまで「ネイティブスピーカーの英語」と「世界の共通語としてのSimple English（シンプル・イングリッシュ）」の違いについて意識したことはありましたか。また、その違いについては、現在どのくらい理解できていると思いますか。

考える
Hint

自分の話す日本語と外国人の話す日本語の違いについて考えると、この違いが見えてくるものです。「なんとなくわかる」ということでいいですから、どんな違いがあるかを言葉にして述べてみましょう。

Q. 1-2

現在のあなたが「簡単」と感じる英語はどの程度のものですか。すなわち、どの程度の会話なら難なくすることができ、どの程度の文章なら難なく読み書きすることができるでしょうか。

考える
Hint

できるだけ具体的に例を挙げてみましょう。実際に英語で外国人と話したことがあれば、そのときの様子なども述べてみてください。

Column

「どのくらいかかりますか」というフレーズ

外国に行ったことのなかった著者が、はじめて米国へ行ったときから、これは頻繁に使うと実感していたフレーズです。

How long does it take?（どのくらいかかりますか）

はじめて使ったのは、空港から乗ったタクシーで、到着までにどのくらいの時間がかかりますかと尋ねたときでした。それからは、バスに乗るとき、どこかまでの所要時間を聞くときなど、ほとんど毎日話していたフレーズなのではないかと思えるほどです。

たとえば、どこか特定の場所や施設について話していて、「そこまでどのくらいかかりますか」と言いたいときには、
How long does it take to get there?
となります。

「○○から××まで」と尋ねるときは、
How long does it take to get to the university from here?（ここから大学までは、どのくらいかかりますか）
という具合に話します。

この質問に答えるときには、たとえば
It takes about 20 minutes.（おおよそ20分ほどです）
という具合に答えます。

合わせて、
How far is it from here?（それは、ここからどのくらいの距離ですか）
というフレーズも覚えておくとよいでしょう。

It's about 15 miles from here.（ここから 15 マイルくらいです）
とか、
It's about an hour by train.（電車で 1 時間ほどです）
と教えてもらえるでしょう。

第2講

国際的に活躍するビジネスパーソンに必要な英語力とは

国際的なビジネスパーソンとは、どんな仕事をする人なのでしょうか。1つの例を見て考察をしてみます。どのくらいの英語力が必要になるのかについても、考えてみましょう。
プレイヤーとしてやっていくのか、マネジャーになる必要があるのか —— そんなことも少し考えてみます。

本書はビジネスパーソンとして国際的に活躍したい人へ、英語学習の方法を紹介する本ですが、国際的なビジネスパーソンというのは、どんな場面で、どんな英語を使うのか。それについて少し考えてみましょう。
もちろん、あらゆるシーンが想定できるのですが、ここでは1つ例を挙げて考察してみましょう。
あなたが日本国内で何らかの製品をつくって、販売もしているとしましょう。それを海外へも売っていきたい。つまり、市場を海外にも拡大したいとなれば、何をすることになるのでしょうか。

■ 製品の市場を海外に求めるとしたら、何からはじめればいいのか

私たちは、日本企業による海外企業の買収などをニュースで目にしますが、大きな資本を投下して、他の会社を買い取ることで、海外市場を自社のものにするというのは、相当にスケールの大きな話です。

そんな海外市場展開ができればいいのですが、ここではそのような資金はないものとして考えてみます。日本でつくっている製品を海外で売っていきたい。そのためには何をすることになるのでしょうか。私たちは、そのすべてを英語（あるいは他の外国語）で行うことになるわけです。

製品を米国で売りたいとします。まずは、見込み客（あなたの製品を米国で買ってくれそうな顧客）を紹介してくれる人がいないか探してみます。その紹介者が日本語のわかる人なら、その人との話に英語はいりませんが、そうでなければ、あるいは見込み客の紹介を受けてからは、英語で話をすることになるでしょう。

自分で買ってくれそうな顧客を探すこともできます。その場合には、たとえばインターネットで検索をして、問い合わせのメールを送り、やりとりすることになります。

取り扱っている製品によっては、通販サイトを見つけて、そこに出品させてもらい、とりあえずの取引を成立させることもできるかもしれません。

あなたの製品が非常に魅力的で、何もしなくても、誰もが売ってくださいと押し掛けてくるなら、英語などわからなくても、買いたい側が、日本語のわかる通訳を連れて話をしに来てくれるでしょう。

しかし、あなたの製品は、黙っていて売れるものではなく、自分からの売り込みが必要です。そのため、自分で買ってくれそうな人を探して、何とか成約まで持ち込む必要があります。

どんな方法でもいいのです。顧客が見つかれば、取引をすることができます。日本国内にいるあなたに、製品を買いたいと申し出てきた人がいるとしましょう。米国であなたのつくるような製品を販売している会社の人で、取引の条件も納得できるものになりました。これであなたは製品を米国の顧客に売る。すなわち、輸出を開始できることになりました。

ここまではどうでしょうか。もちろん英語力以外に必要なノウハウもありますが、ここまでのステップを英語ですべて行うところを想像してみてください。

■ビジネスを展開していく

あなたは順調にこの米国の会社（A社とします）への輸出を継続していましたが、数年後、同じ米国内に、別の顧客（B社とします）ができました。B社もA社と同じ製品を買ってくれます。

しばらくすると、A社からあなたへ苦情が届きました。

A社によれば、これまでA社があなたの製品を卸していた米国内の取引先に、B社と思われる業者から同じ製品の売り込みがあり、B社がA社の卸値を大幅に下回る価格でオファーしたために、B社に取引先を奪われるか、あるいは大幅な値引きをせざるを得ない状況になっているとのこと。A社としては、これまでつくり上げてきた販売ルートをこのような形で壊されてしまうのは困るし、そうなるのはあなたにとってもよくないのではないか、というのです。

さあ、あなたはここでどういう判断をするでしょうか。

あなたの製品を買ってくれる会社（ここではA社やB社）は、その先に販売する顧客がいるから、買ってくれているのです。

あなたはB社向けに輸出を開始したばかりに、A社経由A社の顧客という、せっかくつくり上げた「自分の製品をよい価格で流通させていたルート」を壊しはじめていたのです。

こうした事態が生じれば、もちろん他にもさまざまな調査をして、起きていることの詳細を把握せねばなりませんが、B社に事態を説明するにしろ、何らかの新しい取引のルールをつくるにしろ、カタコトの英文メールを送って済む話でないことはわかるはずです。

この事態を受けて、検討を重ねた結果、あなたはA社にあなたの会社の米国における唯一の代理店となってもらうことにしました。B社との取引は停止して、B社には米国内でA社から製品を買ってもらえるようにし、あなたの製品を米国で輸入できるのはA社だけという代理店契約を結んだのです。その代わり、A社との取引には、年間の最低購入数量を義務付けるなどの条件を課しました。
その後、A社における製品の売り上げは順調に伸び、あなたの製品は米国内で順調に販売ルートを拡大していったのです。

A社も会社として成長し、業績を上げ続けていましたが、これはあなたにとってもありがたいことでした。あなたの知り合いの会社では、輸出していた製品の販売代理店が、資金繰りに困り、支払いも滞りがちだったり、そうなるとあらたな注文を受けても、出荷後に支払いを受けられるかどうかわからないなど、心配事も多いと聞いていたからです。

さあ、あなたはここまでの仕事を英語でこなせる自信があるでしょうか。やるべきことを誰かが手取り足取り教えてくれるわけではありませんし、言葉もわからないとなれば、話が前に進みにくいことがわかるでしょう。ビジネスですから、いつでもトラブルは発生する可能性があります。英語がきちんとわかっていることが、強い味方になってくれることは容易に想像できるはずです。

■ あらたな展開を考えて

A社との取引は何年も続いてきました。A社の社長やその家族とも、たいへん良好な関係を築いてきました。しかし最近では、これまでの製品の流通のさせ方を見直していく必要性も感じています。なぜなら、これまでは順調にA社と取引を継続し、米国で製品を流通させてきましたが、それが実現した今、あなたはこれから米国での一層の市場拡大を行い、利益も増大させるために、もう代理店に頼ることなく、自社進出をする段階にあると思えるからです。

自社進出するための具体的な方法は、いくつか考えられます。

あなたが自分の資本を投下して、自分の資本の入った販売会社を米国につくり、その会社から米国内での販売を行う。

または、A 社と合弁で販売会社をつくる。いずれのケースも A 社が賛成してくれない可能性はあります。

自前で進出して、もう A 社を経由しないというのは可能でしょうか。A 社との取引を通じて、あなたの製品は米国での知名度を挙げてきましたから、製品に対する需要そのものは今後も期待できると思えます。

ただし、その場合には、A 社は間違いなくのれん代（Goodwill）を請求してくるでしょう。ここで言うのれん代とは、A 社が製品を扱ったおかげで、米国でのあなたの製品の市場ができ、知名度もできた —— それに対する代金のことです。A 社との取引を止めるとなれば、それなりの金額を請求されると思えます。

その請求金額は受け入れられる額になるのか、合弁会社をするほうが有利になるのか、そもそも A 社は話し合いのテーブルに着いてくれるのかなど、考えてもわからないことは多いのですが、ともかく、ここでつまずいているわけにはいきません。何しろ、あなたとあなたの製品にとって、ここは通過点に過ぎず、いずれは米国内に製品の工場をつくり、日本からの輸出よりも低価格で製品を販売できるようして、一層のシェア拡大をしていくのが、あなたの目標だからです。

こうした仕事をしていこうとするときに、英語がわからないのがハンディになることは説明の必要がないと思いますが、だからといって英語でコミュニケーションを取る部分を人任せにするのも心配でしょう。自分もある程度わかっていて、もっと上手な人にサポートしてもらうというなら、多少は安心かもしれませんが、そうした人材を確保するのも簡単でないことは、知っておかなくてはなりません。

国際的なビジネスパーソンとは、海外で、あるいは日本国内であっても、文化や商慣行の異なる外国人と接しながら、ここに挙げた一例のように、業務を推し進めていく人のことです。
それを実現するために必要なのが、国際的なビジネスパーソンが必要とする英語力です。
上記の業務を自分の仕事（あるいは、これからしたい仕事）に置き換えて考えてみましょう。製造業でなく、非製造業でサービスが売り物である場合でも、どのような海外事業展開が期待できるのか、考えてみましょう。

■ 国際的ビジネスパーソンには、身につけるべきノウハウやスキルがある

私たちの多くは、就職した会社で、海外業務を体験しながら覚えていきます。ビジネスのノウハウ（上記の例で言えば、メールで引き合いを出すこと、輸出の手続き、ミーティングでの話し方、各国の商慣行、ビジネスマナーなど）、そして、そうした場面で必要な英語についてもです。

しかしながら、ビジネスのノウハウも、英語も、体験すれば自然に身につくというものではありません。人により習得のレベルも異なります。
著者自身も20代の頃から会社に勤め、1つひとつを体験させてもらいながら学んできました。その過程で、同じように学ぶ多くのビジネスパーソンも見てきました。経営コンサルタント・研修講師となってからは、海外事業に関する人材育成にも深くたずさわっていますから、国際的なビジネスパーソンやそれを目指す人には、数多くお会いしてきました。

その中には、もともと能力的に高くセンスも優れている人たちもいれば、残念ながらそうとは言い難い人たちもいますが、はっきりと言えることは、スキルのレベルが高い人や、レベルを向上させていく人は、スキルの重要性をよく意識していて、勉強や訓練をしているということです。
決して難しい話ではありません。英文でビジネスメールを書く必要があれば、その手の参考書で学ぶ人がいたり、英語で接待が必要となれば、

少しくらいは気の利いたフレーズを覚えるとか、そういったことが大事なのです。

前出の米国での事業の話からおわかりいただけると思いますが、言葉が通じなければ、コミュニケーションが上手く取れなければ、ビジネスは成り立たないか、そうでなくとも成長を妨げてしまうものなのです。

■ 商社に頼る形から、製造企業による自前のオペレーションへ

前出の米国への進出については、必ずしも自分自身や自分の会社で行わなくとも、商社に頼ることもできます。

大規模な商社は、少しくらいの輸出を手伝ってはくれないかと思いますが、それほど規模の大きくない商社や専門商社であれば、利益を得られる内容の取引なら、顧客を見つけるところから、輸出業務や代金の回収まで代行を請け負ってくれるでしょう。極端なことを言えば、商社に任せることができれば、メーカーはつくることに専念しているだけでよいのです。

戦後数十年の間、日本の製造企業のほとんどは、商社のように海外での販売や物流などを行うノウハウは持ち合わせておらず、製品をつくること以外をすべて商社任せにしていることは、決してめずらしくなかったのです。

海外で生産をするといっても、その準備から商社が手伝ってくれていたわけです。工場を建てるところから、現地で仕入れる材料を探すことも、製品をつくった後の物流についても面倒を見てくれて、製品を買ってくれる顧客も商社が見つけてくれているという具合です。

著者は1967年生まれですが、私の世代の人たちが就職をする頃には、それまで海外事業で商社に任せていた業務を製造企業が自前で行うようになっていました。

私自身もはじめて米国で就職したのは、日本の製造企業の資本が入っ

た販売会社でしたが、その時点で商社に依頼している業務はありませんでした。その後日本で勤めたメーカーの海外事業部でも、一部の取引に専門商社が入っていたくらいで、やはりほぼすべて自前のオペレーションが行われていました。

それでも私などが10代の頃には、海外で活躍したいなら商社で働くものと、漠然と思っていたものです。

現在でも、製造企業は海外業務のすべてを必ずしも自前で行う必要はないのですが、製造企業の海外での業務が定着するにつれて出来上がった問題で、たとえ商社に頼んでも解決できない問題があります。

その例を1つ挙げてみましょう。それは海外の製造工場で、業務の現地移管が進まないという問題です。これは多くの日本の製造企業に共通して存在している問題です。

日本の製造企業の工場は、今日世界中の至るところにあります。1980年代に円高が進むにしたがって、製造拠点の海外移転は増大しました。1990年代には、大企業だけでなく、中小企業の工場も海外移転が加速しました。

つまり、海外で20年、あるいは30年以上の歴史を持つ日本企業の工場は数多くあるのですが、それらの工場の多くで「日本から来た従業員がいないと、仕事が進まない」という問題があるのです。

工場の立ち上げで日本から大勢の人が訪れ、工場が順調に稼働するまで面倒を見るのは普通のことです。それから数人の日本人管理者と現地従業員たちで、日々の生産業務を行うわけです。

現地従業員たちには、作業の仕方を覚えてもらい、工場での生産は順調に行われますが、問題はそこからの人材育成に関することです。

平たく言えば、日本人従業員（日本からの赴任者）と現地従業員の間で言葉が通じないために、作業の仕方を教える以外の教育ができないわけです。

作業の仕方については、日本人従業員が、日本語のわかる若干名の現地従業員（マネジャークラス）に日本語で説明し、その現地従業員から他の現地従業員たちに指導してもらっているところを想像してみてください。

（少々強引な言い方ですが、）日々の作業については、これでできるようになるものです。日本語のわかる現地従業員なら、日本の工場に来てもらって、仕事を覚えてもらってもいいですし、そうすれば彼らには帰国してから、現場を指導するマネジャーとして活躍してもらえます。

ところが、そうした現地工場では、たとえば製造ラインにトラブルが生じたり、新しいラインを立ち上げようとすると、また日本からそうした業務を担当する従業員が来なくてはなりません。

そうした仕事は、本来、赴任している日本人技術者たち、あるいは出張で訪れた日本人技術者たちが、現地採用の技術者たちに教えなくてはけないのですが、このコミュニケーションが上手く取れないために、日本人技術者たちは自分たちだけで業務をこなしてしまうのです。

企業の海外工場で、こうした状態は何十年も続いていて、日本からは現地工場で何かあるたびに、多くの従業員が訪れます。これは現地への業務移管ができていないために起きていることです。

日本から現地へ訪れるコストはもちろんのこと、日本の工場ではたびたび人材が不足する事態に陥ることなど、これが原因で派生的に問題が増えていきます。

■ 言葉が通じないことが、想像以上の悪影響を及ぼす

こうした問題のある工場に訪れたことのない人には、「日々一緒に仕事をしているのだから、教えることくらいできるだろう」と思えるはずです。しかしながら、言葉が通じないことは、想像よりも大きな問題を生み出していることが多いのです。

また、こうした現場には通訳を入れることも非常に難しいものです。工場で働いたことのない人は、それが日本語であっても、工場で使われる用語や話の意味がわからないことが多いものです。

「タクトタイムに合わせて各工程が作業しないと」

「いや、それはタクトじゃなくて、サイクルタイムのほうだ」

こんなことをスムーズに英語で伝えられるのは、その意味も英語もしっかりわかっている人だけで、そうした人を探すのは至難の業なのです。

「バリを取る作業は、今やらなくていいって話しただろう」

と聞いて、それを訳すのに「バリとは何ですか」と聞き返す人が間に入っても、なかなか会話はスムーズに進んでいかないのです。

これは米国で大学の学部を卒業し、その後セールスマンとして現地で働いていた私が、帰国後に勤めた日本のメーカーのマレーシア工場へ研修に行き、直面した問題でもあります。

英語のほうはわかるのですが、工場の中で使われる用語がわからないことが多く、結局のところスムーズに通訳したりできないのです。これについては、あるとき真剣な学習が必要と考え、日本で一番正確に現場で通訳ができる人材になろうとまで思い込んで勉強しましたが、英語がある程度わかれば、工場などの専門知識が必要なところで難なくコミュニケーションが取れるかというと、そうではないことが身に染みてわかったからです。

海外工場への業務移管が進まないことは、見えにくいところにある大きな問題なのですが、これは英語なり現地語なりを、技術を持った日本人の側が覚え、現地での人材育成に取り組まない限り、解決し得ない問題です。

先に、言葉が通じないことや、コミュニケーションが上手く取れないことが、ビジネスの成長を妨げてしまうと書きましたが、これはその一例です。

■ 言葉が通じなくても仕事ができる例外的なケース

今日では日本人のスポーツ選手が海外のチームなどで活躍するのを見るのは、めずらしいことではなくなりました。

著者が米国で働いていた頃も、メジャーリーグベースボールのロサンゼルス・ドジャースに野茂英雄投手が入団し、めざましい活躍をされていました。ドジャー・スタジアムは私が勤務していた会社から程近い場所にありましたので、会社帰りに上司や同僚と、野茂投手の登板する試合を何度も見にいったのを覚えています。

当時印象的だったのは、野茂選手が（失礼ながら）あまり愛想よく振舞っているわけではなく、チームメイトと積極的にコミュニケーションを取ろうとせず、したがって他の選手とあまり言葉も交わしていないように見えることでした。そうした野茂投手にトミー・ラソーダ監督や捕手のマイク・ピアッツァ選手が包容力を持って接してバランスをとっているように見えていたのです。

もちろん球場で試合を観戦したり、テレビで見ているだけの私に、実際の様子はわからないのですが、慣れない英語で拙いコミュニケーションを取るのは、かっこいいことではありませんから、私には野茂投手が、そうした姿を人に見せないように振舞っているように思えていました。

ただ野茂投手の場合は、成績がすばらしく優れていて、プレイヤーとして活躍すれば、どんな振舞い方をしても周囲がすべて許容してくれるという雰囲気があり、それがかっこいいことに見えていたのです。

英語に限らず外国語というのは、多くの場合、かっこわるくて赤面するような体験を繰り返さないと身につくものではありません。これは私も体験的によく知っているのですが、野茂投手は、そんなことはしなくてもよい特別な人だったわけです。

私たちも英語ができるかどうかなど気にせず、周囲と不必要な会話もせず、自分の仕事でよい成績を収めて成功し、尊敬されることができれば、どれだけいいでしょうか —— 海外で働きながら、語学力にハンディがあって困っていたり、周りとのコミュニケーションで悩んでいたら、こう思えるときがあるかもしれません。

しかし、やはりどう考えても、野茂投手は特別なプレイヤーであって、一般的なビジネスパーソンが同じように振舞っていては、自分の仕事で成功できるものではないのです。

■プレイヤーとしてだけでなく、マネジャーとなることも考える

その後も日本のプロ野球選手がメジャーリーグ入りし、多くの選手が活躍されていますが、英語を身につけてコミュニケーションを取ることについては、積極的に取り組んでいる人は、なぜか少ないように見えます。あくまでも私感ですし、私が特別にその事情に詳しいわけでもないので、間違っていればお許し願いたいのですが、長年メジャーリーグで活躍していても、簡単なインタビューに答えることさえ日本語で、常に通訳が隣にいる選手もいるようです。

そのことそのものに何か言いたいわけではありませんが、言葉を学ばないと、プレイヤーとしては大丈夫でも、マネジャーとしてやっていくのは難しいだろうと思えるのです。

管理者として人をまとめ、指導もしていく際に、言葉がわからないのでは、かなり無理があるのではないかと思います。

前出の例で、日本から日本人従業員が海外の工場へ出向き、新しい生産ラインを立ち上げるなどの話を挙げましたが、これがまさしくプレイヤーの仕事です。どうやればいいのか本人はわかっている仕事ですから、場所は外国であっても、必要なものをつくり上げることはできます。

しかし、本来あるはずの、その仕事を現地の従業員に教えたり、そのためにチームをつくったりするマネジャーとしての仕事は、言葉がわからないためにできていないわけです。

組織に所属して海外で業務にたずさわるときには、管理者の立場にいることが多いものです。そうでなかったとしても、会社についても、製品についても、業界についても、自分が周囲よりもよく知っているというケースが多いでしょう。そのときにプレイヤーとしての自分の仕事だけをしていては、合格点がもらえるかどうかわかりません。

これから海外で活躍したいビジネスパーソンは、プレイヤーとしてだけでなく、マネジャーとして周囲とコミュニケーションを取りながら働

くことを念頭に置いて、英語学習に励むべきでしょう。スポーツの世界でも、海外でマネジャーとして活躍する人が増えることを期待しています。

本講の
Point

◎言葉が通じなければ、コミュニケーションが上手く取れなければ、ビジネスは成り立たないか、成長を妨げてしまう。

◎プレイヤーだけでなく、マネジャーとして仕事をしていくことを意識して、英語学習をすべきである。

Exercise
答えのない演習問題

1人または
グループで
考えてみよう

Q. 2-1

海外で具体的にどのような仕事をしたいですか。

考える
Hint

いきなりどんな仕事か決めたり、絞り込んだりせず、考えつく仕事、関心のあることをたくさん挙げてみましょう。その中から最もたずさわりたいと思う仕事を選んでみます。

Q. 2-2

国際的なビジネスパーソンとしてたずさわりたい仕事において、あなたはプレイヤーかマネジャーのどちらでしょうか。

考える
Hint

あなたがこなす業務には、どのような登場人物やチームメイトがいると思いますか。特に、自分と一緒に働く人について思い浮かべて（あるいは想像して）みましょう。できるだけ具体的にイメージしてみましょう。

Column

「どうやって行くのですか」というフレーズ

前講のおわりのコラムに続いて、これも普段から頻繁に会話で使うというフレーズを紹介します。

How did you go to the airport?（空港へは、どうやって行きましたか）
I went there by bus.（バスで行きました）

空港へ行くことを例にした会話ですが、特定の場所への行き方について尋ねるフレーズであることがポイントです。
「……へは、どうやって行きましたか」は、**How did you get to ...** と言っても同じ意味になります。

What kind of bus was it?（それはどんなバスでしたか）
It was an airport shuttle.（エアポートシャトルでした）

それがバスでも、電車でも、「どんな種類のものですか」と尋ねたくなるでしょう。その際には **What kind of ...?** を使うようにしましょう。合わせて、その費用について尋ねるフレーズを見てみます。

How much did it cost?（いくらかかりましたか）
It costed 14 dollars.（14 ドルかかりました）

こうした質問に答える際ですが、**An airport shuttle.** とか **14 dollars.** と言うだけでなく、**It was an airport shuttle.** とセンテンスで答えることで、きちんとした会話になっていきます。もちろん **I took an airport shuttle.** など、別の言い方もできますが、できるだけ丁寧に話すことを心掛けましょう。**It costed 14 dollars.** は、たとえば **I spent 14 dollars.** などと言い換えることができます。

こうした短くて覚えやすいフレーズをマスターしておくことで、応用して話せることが増えていくものです。たとえば、はじめに紹介したフレーズを使って、
How do you go to work?（仕事へは、どうやって行っていますか）
I go to work by car.（仕事へは車で行っています）
と話すことができます。

海外事業にかかわる人たちの英語力
―― 現状と期待されるスキル

国際的な事業にかかわって仕事をしている人たちの英語力はどんなものなのでしょうか。全体としては、英語を使いこなせる人材が一層多く必要とされています。英語を身につけるのに一生懸命な人たちがいる一方で、いい加減な人たちもいる ―― その現状を見て、私たちはどんな姿勢で取り組んでいくべきかを考えてみましょう。

残念なことに、海外では一般的に「日本人は英語がわからない」と思われています。もちろん、きちんとわかる人は数多くいますし、非常に高いレベルで英語を使いこなす ―― たとえば重要な通訳や翻訳をする人たちも存在します。しかし、そうした人たちの割合が少ないため、このように認識されてしまうわけです。

英語に限らず外国語のわかる人材がたくさんいる企業もありますが、日本企業全体としてみれば、今日でも英語を使いこなす人材が十分にいるとは言えません。英語で外国人とコミュニケーションを取りながら仕事のできる人材はまだまだ足らず、したがって、これから英語を身につけていく人たちにも、活躍のチャンスは十二分にあるわけです。

企業の人たちの英語力がどのように足りていないのか、ここでは困った実例を中心に紹介していきたいと思います。こうした例を反面教師として、よりよい姿を目指すのが目的です。

■英語で電話対応をする人たち

著者の私も、今でこそ教える側の立場で話していますが、その昔はアルバイト先で英語で話してくる外国人のお客さんがいると、一言も返すことができず、すぐさま他の従業員に対応を代わってもらっていました。

10代の頃、渡米前にしばらくの間、ホテルでアルバイトをしていたのですが、部屋数が千数百室もあったそのホテルには、旅行代理店や個人からの電話予約を受け付ける予約課というセクションがあり、そこへ配属された私は、引っ切りなしに鳴る電話に出て、予約を受け、書き留めた予約票をコンピュータへ入力するのが仕事でした。

そうした中で時折、英語でかかってくる電話に出ることがあるのですが、その際に私はHold on, please.（少々お待ちください）と言うことさえできず、日本語でそう述べてから、同じ部屋にいる社員に急いで電話を代わってもらい、対応をお願いしていました。

そうして英語で電話対応をしていたのは、専門学校や大学のクラスで英語を勉強したという女性社員たちで、当時の私には非常に頼もしく思えていました。

英語でかかってくる電話には、部屋タイプや料金の説明をするのは難しいので、部屋タイプはシングルもツインもそれぞれ1種類のみで、料金もすべて1人1万円と伝えるよう上司から指示が出ていたようです。

実際には、シングルだけでも何種類も部屋タイプがあり、料金も1万円よりも低い料金から、もっと高い料金まであります。

今日では、そんな案内をすれば外国人に対して差別的と言われてしまいそうですが、当時電話を受けていた社員の人たちはそれでも一生懸命で、そうして予約を受けることさえたいへんだったのです。また、英語での電話は、あったとしても1日あたり1､2件と少なかったこともあり、それで何とか事なきを得ていました。

私も当時は、そうした職場で英語の電話にはビビッている始末で、そ

んな自分のことを恥ずかしく思っていました。

私よりいくつか年上の英語で電話対応をする女性社員たちが、困りながらも学んでいるところは、見ていて勉強になったのを覚えています。

たとえば、1万円という料金に対してお客様が英語で“Expensive.”とおっしゃったときに、自分たちは「高いから嫌だ」あるいは「不当に高すぎる」と言われた気がして、すばやく上司に相談しようと思い、一旦電話を保留にすることがありました。

しかし、これはお客さんが日本語で言えば「ああ、高いんですね」とおっしゃっただけのことで、その場合には、この部屋しかないと伝えればいいと気づいたと話し合ったりしているのです。

また、“Expensive.”と言われたときに保留したら、勝手に保留して待たせないでくれと苦情を言われたとか、「なるほどなぁ」と思えることが多くあったものです。

女性社員たちは、上司から英語での対応の仕方をマニュアルにするように言われていましたが、その作業はあまりにたいへんで、何とかやらないで済ませようとしているようでした。

その理由に「自分だって話していることが正しいかわからないから」というのがあり、私はそれを聞いて、私はわからなければ、この人たちに代わってもらえるが、この人たちは自分で話すしかないのだとわかり、あらためて一生懸命に対応をしていることに気づかされたものです。

次項からは、その後留学して大学の学部を卒業した私が、英語を使って働きはじめてから見てきた話です。よくない例ばかりですが、これらはホテルの予約課で難しさを感じながらも、何とかよい対応をしようと電話に出ていた女性社員たちのそれとは違い、取り組み姿勢に問題があると思えてならない実例です。

■「よくわからなかったので、適当にやって出しちゃいました」

私は学部を卒業後、現地で就職して数年間、営業マンとして会社勤めをしましたが、20代の後半に帰国して、日本のメーカーの海外事業部に勤務しました。海外事業部ですから、外国語は日々当たり前に使って仕事をする職場です。ここではその職場でのエピソードを紹介します。

私はこの会社に勤めさせていただき、多くを学ばせていただいたことを今日でもたいへんに感謝しています。したがって、ここでは褒められない例を取り上げてはいますが、あくまでも英語を学ぶ人たちが参考にするための事例として扱うのが趣旨であり、その他の意図はないことをお断りしておきたいと思います。

海外事業部では、日常的に英文を取り扱い、上司から翻訳を頼まれることもあります。そのときは、ある資料が数人に振り分けられ、和訳をする指示が出されました。これが小難しい内容のものでしたので、振り分けられたメンバーの１人である某君にはスキル的に無理があるのではないかと思い、心配して声をかけると「まだちゃんと見ていないが、後で見るから大丈夫」という返事でした。

同じ資料を分担して翻訳するような場合は、翻訳の仕方に一貫性を持たせる意味もあり、メンバーが少し打ち合わせをして「こんな内容の話ですね」ということくらいは話しておいたほうがよいのですが、本人はまったくそんなことをするつもりはないようです。

提出期日になっても、何も言ってこないので、どういう様子か尋ねてみると、「あっ、あれ、はじめの部分は何となくわかったんですけど、途中からよくわからなくなったので、適当にやって出しちゃいました」と言うのです。

私はこの返事を聞いて本当に驚きました。この社員は、大学で英文学を専攻して、短期の留学経験もあったそうですが、スキルレベルは褒められたものではありませんでした。そのことはわかっていたのですが、「よくわからないので、適当にやって出す」というほど不真面目なことをするとは思っていなかったのです。

本人は、きちんと和訳できていないどころか、英文の意味さえ理解できていないことをわかっていながら、誰に相談することもなく、適当な和訳をつくり上げ、上司に提出していたのです。

この社員は、退社時間になると、周りに声をかけて帰宅するということをせず、先輩たちが席を外している間に、挨拶をせずにサッといなくなってしまうことが多かったのですが、それと同じように、人が見ていない隙に、バレなければ大丈夫とでも思うのでしょうか。こうしたことができてしまう人だったのです。

考えてみると、新卒で当時入社2、3年目だった彼は、それまでメールの書き方などについて、一度も自分の書いたものを見てほしいとか、教えてほしいといったことを言ってきたことがありません。他の人にも尋ねていないようです。

つまり、英文も相当に適当な書き方をしているのですが、そうした部分は人に見せず、隠したままにしていたのです。こうしたことは、後で通信の記録を見れば、わかってしまうことなのですが。

私は和訳について、上司にその話をそのまま報告しましたが、上司はその社員がそうした行為をすることをよく知っていたようで、「ああ、あれはもとから必要ない部分だからいいよ」と話したため、私はその返答にも驚いてしまいました。

上司は、似たようなことがこれまでにもあったのでしょう。その社員を信用しておらず、重要な顧客や市場は担当させず、大事な仕事にはかかわらせていないようでした。

翻訳の業務で「よくわからなかったので、適当にやって出しちゃいました」と言う人は、もう信用してもらえるものではありません。他の仕事を誠実にこなす人が、英語の翻訳だけをごまかして、いい加減に行うというのは、あることではないのです。

■ スキルを向上させる取り組みがないケース

あるとき、入社7、8年目の社員が「朝一番からずっと書く作業をしている英文レターがあるのだが、上手く書けないので見てくれないか」と相談してきました。

その時点で午前11時半でしたから、もう2時間半以上もそのレターに取り組んでいるわけでしたが、見せてもらったそのレターは、7行か8行程度の不完全な英文が並んでいるだけでした。文法も、言葉の選び方も間違いだらけです。会社の社長名で取引先に送るレターなのだそうで、きちんと書きたいのだが、こうした作文は苦手だとのことです。

私は、ここで上から目線で何かを言いたいわけではありません。しかし、この社員は新卒で入社して以来、海外事業部に勤務していて、周囲からの信頼もある人でしたから、英文レターの書き方については、これまでに学ぶ機会はなかったのかと不思議に思ったのです。

就業経験のない読者の中には、これを読んで、なぜこれまで英文レターを書く学習をしてこなかった人が、社長名で出すような大事なレターを書くことになるのか、不思議に思われるかもしれません。

それはこうしたレターを書く担当者は、たとえば以下のように決められるからです。まずは社長から海外事業の役員か部長へ依頼があります。それから海外事業部長が先方（取引先）の国を担当する課へ指示を出します。そうすると担当の課長から、担当者（そのときにできそうな人）へ振り分けられるのです。

そのため部内にはもっと上手に書ける人が他にいても、不慣れな人が担当することは普通にあるわけです。

私はこの社員の上司から、入社して間もない頃に、副社長名の英文レターを書く指示を受けたことがあります。

「日本語で手紙を書いたので、それをそのまま英訳するように」とのことだったのですが、このA4用紙3枚つづりの日本語の手紙が、当時でもビジネスレターとしてはあまり見なくなっていた古い日本的な手紙の書き方にしたがったもので、挨拶文、前置き、説明などが長々と続き、最後に結論を述べているものだったのです。

英文のビジネスレターでは、挨拶文はあったとしても、結論をはじめに述べるのが常識ですから、そのまま英訳すると、英文レターとしてはおかしなものになってしまうのです。

それがわかっていれば、日本語のほうは手紙として仕上げずに、箇条書きなりでポイントを書いて渡せばいいのですが、体裁も整えた手紙が自分に渡されたことから、もしかしたらこの上司が、そうした基礎的な知識を持っていないのだろうかと思えたのを覚えています。

こうした出来事から、スキル習得の教育の機会は設けられていないことがわかり、それは改善していくべきことに思えたものです。

私は多少上手く書くことができましたが、そのスキルは米国への留学や現地での仕事で苦労なく自然に覚えたわけではなく、前出の社員と同じことをしたら、ひどく叱られる環境で、上司や同僚のチェックを受けながら、それなりの訓練をして習得したものでした。

■ 学ばない人たち、学ばない風土

私は中途で秋に入社しましたが、同日に同じく中途で入社した人が英語に堪能(たんのう)で、外国で暮らしたことはないようでしたが、日本国内にいてもしっかり英語を身につけられることを証明している見本のような人でした。

しかしながら翌年の春になると、英語も他の外国語もまるでわかっていない新卒の人たちが入社してきました。そのうち1人は外国語学部の出身だったのですが、専攻していた国の言葉もまるで話すことができず、なぜ会社がこういう人材を海外事業部に雇い入れるのか、それ以前になぜこれで学部を卒業できるのか不思議に思えたほどです。

1990年代後半の採用が買い手市場の時期だったこともあり、会社としてはもっとスキルも意識も高い人材を雇用できたはずです。

私はそれまでに、英語を話せないと言って、苦手意識も強かった人が、仕事で英語を扱うようになって、苦労しながらも見違えるように上手くなった姿を見てきたことがありました。

しかし、この新入社員たちからは、そうした努力は見て取ることはできず、会社がこの人たちに何を期待しているのかもよくわかりませんでした。外国語学部出身の社員は、大学で学んだはずの言語をあらためて学ぶために、語学学校に通う費用まで負担してもらいながら、やはりまるで上達しないのです。

こうした状態をつくり上げるのは、会社の風土の影響もあります。外国語ができない社員は、語学学校に通学する費用を負担してもらえる制度があったのですが、彼らの中には「学校に通わされている」と言い、それを嫌がっている人たちも多くいたのです。会社が語学の教師を会社に呼んでも、そのクラスさえ欠席しがちという有様です。

私としては、自費で勉強してきた人たちには、そうした学習の機会を与えられることはなく、学んでこなかった人たちに手厚いサポートがされることに疑問を感じていましたが、そうしてほとんど強制されている語学学校への通学もさぼり続けて、制度を台無しにしてしまう社員がいたわけです。

言うまでもなく、そうした社員は全体のレベル、士気を下げてしまいます。先輩社員が、しっかりとした取り組みをするか、少なくとも学習の制度を尊重する言動をすれば、新入社員もまるで勉強しないとか、語学学校まで行かせてもらいながら上達が見られないことを問題と捉えるはずなのです。

■海外赴任していながら、英語がわからないままの人たち

学ぼうとしない人材はとことん学ばないもので、海外赴任をすることになっても、語学を習得しない人はめずらしくありません。

これは私が勤めていたメーカーではなく、他の会社での話ですが、インドで工場を立ち上げる業務を担当する赴任者から「英語については覚えない方針」と聞かされ耳を疑ったことがあります。

現地に工場を立ち上げるために現地を訪れる日本人従業員は、誰も英語を話すことができず、苦手意識も強いため学習もしないこととして、英語は話さず日本語だけで業務を行うことに決めていると言うのです。現地の人たちとの会話はどうするのかと尋ねると、すべて現地で雇っている現地人の通訳を介して行うとのことです。

私は、通訳を介してしか会話が成り立たないために、現地で日本人1人につき1人の通訳をつけている会社も知っていますが、英語は覚えない方針というのは、はじめて聞いて呆れ返りました。

その担当者が、工場に電気を引くために電力会社に申し入れをしても、なかなか工事に来てくれない、あらためて申し入れたら工事をするための賄賂を請求されたと話します。

なぜ「電力会社が賄賂を請求しているとわかるのですか」と聞くと、「通訳から、そう聞いたから」と言います。

そこで「通訳が話をつくっているのではないと、なぜ信じられるのですか」と聞くと、キョトンとしています。

賄賂としていくら請求されたか聞くと、結構な金額のようです。そこで「電力会社から請求されているとしても、本当にその金額だとなぜわかるのですか」と聞くと、これにも「通訳がそう言うから」との答えです。

「その金額を支払ったのですか」と尋ねると、「支払ったら工事をしてくれた」とのこと。私であれば言葉が通じないところで、こんな取引に応じるのには抵抗があります。以降も同じことが起きたら、同じように言われるがまま相手の要求に応じることになるのかとも心配になりますが、当の本人たちは日本の上司も承認したことであり、問題ではないと考えているようです。

こうした調子で、海外赴任をしていながら、英語がわからないままであるだけでなく、まったく覚えるつもりもない人は、実は案外多いのです。

■レベルを引き下げてしまう経験者

英語で日常的なコミュニケーションを取れる人たちでも、英語を扱う業務にそんな姿勢で取り組んでいるのかと首を傾げたくなることがあります。自分の勤務していたメーカーでの話です。

あるとき、日本本社の海外事業部から米国の現地法人へ、日本本社のホームページの文章の英訳を依頼すると、米国法人の責任者が「それは日本本社の仕事だから、日本でやるべきことで、米国法人でやることではない」と断ってきたというのです。

会社のホームページの英語ページに載せる文章ですから、正確な英語での記述が必要で、こんなときには米国にある子会社の力を借りて、間違いのない文章を作成すべきです。そうした協力もできないというのであれば、海外に法人があることの意味が薄れてしまいます。

「日本本社の仕事だから、米国法人でやることではない」。このおかしな理屈は何でしょうか。少なくとも私には、まったくもって理解不能でした。

私は米国市場や米国法人の担当ではなかったため、このやりとりに直接かかわっていたわけではありませんが、私には米国法人の責任者が断ってきた本当の理由がわかっていました。

米国法人には、正確な翻訳をする能力がないというのが本当の理由です。

現地には多くの従業員がいるはずなのですが、この責任者も含めて、日本語と英語の両方をきちんと読み書きできる人材がいないのです。

それを正直に伝えてくればまだいいのですが、日本から依頼することがおかしいというような断り方をしてくるところに問題があります。

こんなおかしな理屈をこねられては、健康的な方向に話が進んでいくものではありません。米国法人が自分たちに翻訳する能力がないと言えば、日本側は「それでは日本で翻訳した英文の校正はできますか。英文の校正だけなら協力してもらえるのでは」といった話ができるはずですが、そうした相談すらできなくなるわけです。

米国の法人は、その時点で30年もの歴史があり、その責任者はすでに20年近くも赴任していて、他にも日本からの赴任者は複数名います。それにもかかわらず、本社から依頼された会社案内の英訳すらできないというのは、人材育成の面でも大きな問題があることの表れです。

私はどういうわけか、この現地責任者が米国から日本へ帰国するたびに、さまざまな嫌がらせをされました。

一度は「昨夜の飲み会にどうして来なかった」と聞かれ、「大学院に行っていましたから」と答えると、「そういうこと（飲み会への参加）も大事だぞ」とすごい剣幕で怒鳴られたこともあります。

当時私は、就業後は常に何かの学習をしていて、頻繁に行われるそうした飲み会などは参加できませんでしたし、なぜそれを咎められるのかも、飲み会への参加の何が人を怒鳴りつけるほど大事なのかも、さっぱりわかりませんでした。

どうやらこの責任者は、自分よりも英語が上手だったり、米国の事情に詳しい人がいることが気に食わないようで、執拗に幼稚な絡(から)み方をされ困ったものです。

「君は、英語の新聞は読むのか」と聞かれたので、「読みます」と答えると、何と英語の新聞を読むことはナンセンスで、（英語は日本語のようにたくさん読めないのだから）新聞は読まず、米国のビジネス週刊誌を読むのが正しい選択だと言ってくるのです。

ビジネスの週刊誌は、1週間の情報がまとめられて

いるので、それを読むのが合理的（？）だとのこと。新聞を読む私は、そうしたことがわかっていないのだそうです。私はこうした話をとにかく止めてほしかったのですが、本人は20年近くも米国で暮らしながら新聞さえ読めないと、自分で言っていることに気づいていないようでした。

こんな話の途中で「今は、ブルームバーグ（Bloomberg L.P.: 米国の情報会社）のニュースを日本でも見られますから、経済ニュースなどを見ています」というと、本人はブルームバーグを何か知らないとのこと。

私は何も悪気なく話しているのですが、こうした会話から恥をかかされたとでも思うのでしょうか。どうやら米国での滞在期間が長いことを崇（あが）めてもらわないと気に入らないようでした。

海外業務にたずさわると、持っているスキルや知識は大したことがないのに、海外滞在が長いことに異様に高いプライドを持っていて、扱いにくくて困る人がいるものです。くだらないいじめをしてくるだけならいいのですが、こうした人は、先に述べたように業務によくない影響をもたらしてくることがあります。

はっきりと言えば、力がないことがバレそうになると、自分をプロテクトするために会社の利益などは考えず、要領を得ない理屈でごまかそうとし、自分を偽者だと見抜いている相手には、悪態をついてきます。自分の周囲まで、自分と同じレベルに引き下げようとしてくるのです。

英語を扱う業務や海外関連の業務では、こんなふうに変なスイッチが入ってしまう人がいるものですから、気をつけたいものです。

■もったいないと思わずにいられないケース

海外赴任をしても、英語も現地の言葉もほとんど覚えないまま帰国する人は多いものです。工場など自社内で仕事をする人には、特に多いように見受けられます。

たとえば50代中頃ではじめて海外赴任をして、帰国したら定年退職という立場の人なら、これから外国語を覚えるのは面倒というのは、わからなくもありません。しかしながら、まだ若手や中堅の人であれば、何年も外国で暮らして言葉を覚えないというのは、あまりに残念です。

海外赴任をしても日本語しか話そうとしないことが、企業あるいは企業の特定の部門の風土のように存在している場合もあります。

こうした体質というものは、なかなか変えていくのは難しいのですが、もし自分の組織に同じような面があっても、個人としては英語や現地語を積極的に習得するように努めていただきたいと思います。

著者は企業で研修講師をすることが多く、新入社員研修を受け持つこともあり、そうした研修の中で英語学習法をカバーすることがあります。

海外事業にたずさわる人たちではありませんが、そうした研修で会う人たちの中に、英語圏からの帰国子女でありながら、英語がよくわからないという人たちが増えているように思います。

私になぜ彼らが帰国子女とわかるかというと、必ずしもそのように会社から聞いていたわけではなく、英語を話すと発音がネイティブスピーカーのようなので、本人に尋ねてみると、やはり帰国子女なのです。

しかし、英語のテストを実施するとまるでできなかったり、英語で自己紹介を書いてくださいと出題しても、とても英語圏で中学や高校に通っていたとは思えない出来なのです。英語圏で過ごしたのが数ヶ月間程度ではなく、数年間という長さの人たちでもこうしたことがあります。

帰国子女には、書くことが十分にできない人が多くいるのは知っていましたが、最近は一般的な会話も苦手だという人たちに会うようになりました。

海外赴任をする人の数も増えて、現地へ同行する家族の人たちも増えていますから、それぞれの事情から十分に現地の言葉を習得できない人も増えているのかもしれませんが、何年間も現地で学校に通っていながら言葉を習得できなかったというのは、本人たちにとっても不本意なのではないかと思います。

現地で学校に通えば、子供は自然に言葉を覚えるといったことが実(まこと)しやかに語られることもありますが、そうしたケースばかりではないことは明らかなようです。
英語圏に住んで仕事をしたり、学校に通っていたとしても、英語を習得できないケースはあることを意識して、習得に成功するよう取り組むことが大事です。

■ 期待したいこと、期待されること

著者は、これから英語を使う仕事に就こうとする人たちにとって、職場の人たちの持つ英語力は、できるだけ高いほうがよいと考えています。
逆に、はじめから今の自分の英語力が重宝されるようでは、周囲から学ぶことができない環境に入ってしまうことになるように思えます。
せっかく英語を使う職場に入るのであれば、自分よりも上手で経験もある人が多く、お手本になる人がいる環境が好ましいものです。

先輩たちの中には、英語が上手な人も、そうでない人もいると思いますが、全体のスキルレベルがどのくらいかを観察してみましょう。最も好ましくないのは、スキル習得に対する士気が低く、努力している人が少なく、勉強もしていない組織です。そうした環境ではレベルを向上させたい人が、別の環境へ移ったほうがよいと考えがちになり、よい人が入っても定着しないこともありがちです。
英語学習に限ったことではありませんが、全体のスキルレベルを上げる教育の計画があるのが好ましい環境です。

著者は、企業から依頼を受け、採用試験で面接官を担当したことがあります。複数人いる面接官の中で、グローバル関連の知識や英語力をテストするのが役割です。
私個人の考えでもあり、一般的な考え方でもあると思いますが、国際的な業務にたずさわる人材を採用するときには、ずば抜けて優れた英語力を持つ人を求めているわけではありません。
必要なのは、聞く、話す、読む、書くの基本が備わっていることです。まずは、聞くと話すについて、本書の第９講に登場する程度の難易度

の会話が、きちんとできることが望ましいのです。

次に求めるのは、読むことと書くことができる、あるいは訓練すれば英文ビジネスレターが扱えそうな力があることです。ビジネスで使えるレベルで読み書きができることや、そのことに対する意識が高いことが大切です。

国際的な業務で活躍したい人に期待されるスキルについて、更なる詳細は他の講で触れていきたいと思いますが、本講の内容から、英語（あるいは現地語）を扱うことに誠実に取り組み、基本から着実に学んでいくことの大切さを感じ取っていただけたのではないかと思います。

本講の Point

◎海外展開している企業でも、英語力が十分に備わっていない職場は多く、そうした職場では、従業員たちの取り組み姿勢に問題があることも多い。

◎学習しない風土の組織もあるが、そうした中にあっても、個人としては、スキルの習得に励むべきである。

Exercise

答えのない演習問題

1人または
グループで
考えてみよう

Q. 3-1

48ページ「よくわからなかったので、適当にやって出しちゃいました」の項に登場する「某君」の振舞いについて，どう感じますか。

考える Hint　あなたは某君のように、職場でわからない英文に適当に和訳をつけて上司に出してしまうことができますか。某君は、どのように行いをあらためるべきだと思いますか。

Q. 3-2

海外に赴任することになった場合、赴任前、赴任中にどのように英語（あるいは現地語）を学びたいと思いますか。

考える Hint　社会人として働きながら学ぶことになります。学習できる時間に制限もありますから、現実的に考えてみましょう。まずは、さまざまなアイディアを出し、それからできそうなものを選んでみましょう。

Column

ちょっとした会話フレーズで練習を

英語で少しでも多く会話をしたいと思っていたら、迷惑にならない範囲で、周囲の人に話しかけてみましょう。留学先や、日本でも留学生が多くいるような場所では、できるだけ会話をするよう心掛けてみます。

第９講の「覚えるべき会話フレーズの特徴」でも説明していますが、**Q&A**（**Question and Answer:** 質問とその答え）になっている会話をするのが上達の秘訣です。

たとえば教室で、
Where can I get the coffee?（そのコーヒーはどこで買えますか）
と尋ねてみます。
（あくまでも相手の邪魔にならないよう気をつけなくてはなりませんが、）そのコーヒーを買える場所を知っていても、あえてそう話してみます。

You can get this at the cafeteria downstairs.（下の階のカフェテリアで買えます）
などと、答えてくれるでしょう。
もし自分がそう聞かれることがあれば、その場所を説明するか、
Would you like me to come with you?（一緒に行きましょうか）
と話してみましょう。

もちろん同じことを意味するフレーズは、数多くありますが、一度きちんと通じたという経験をすることと、そうした経験を積み重ねることが大事です。

「一緒に行きましょうか」とオファーして、相手が「お願いします」と丁寧に言ってくるとすれば、
Yes, if you don't mind.（はい、もし差し支えなければ）
などと話すでしょう。

もし「自分で行けます」と丁寧に答えてくるとすれば、
I'll be fine by myself.（自分１人で大丈夫です）
などと述べ、お礼を言ってくれるでしょう。

こうしたちょっとした一言も、きちんと話せるとスマートに見えるものです。少しずつフレーズのバリエーションを増やしていきましょう。

英語で
コミュニケーションを取るとは、
どういうことなのか

英語の試験でよい成績を取ることと、英語でコミュニケーションを取ることは、同じことではありません。私たちにとって大切なのは、英語でコミュニケーションが取れることです。これが具体的には、どんなことを意味するのかについて考えてみましょう。

英語の試験でよい成績を取ることと、英語でコミュニケーションを取る力は、必ずしも比例するわけではありません。試験で取得した点数は、コミュニケーションを取る力を表す数値とは異なるわけです。

セールスをするシーンを想像してください。「あなたの話など聞きたくない」という相手に上手に話して何かを買ってもらわなくてはなりません。これは試験の成績がよければできるということではないでしょう。

クラスルームで留学生たちと英語でディスカッションをするときに上手く進める力も、四択の試験問題から正解を選ぶことで向上させられるものではありません。

英語でコミュニケーションを取るとは、どういうことなのか。具体的には何をすることを求められるのかについて考察していきます。

■ 受身型の日本人学生

著者が、学生数の半分が留学生という日本の大学の学部でクラスを担当していたときの話です。英語で行う生産管理論のクラスで、受講者数は60名ほど。その半数が日本人学生でした。

クラスではグループわけをして、グループごとのディスカッションを頻繁に行うのですが、何人もの留学生から「日本人学生が英語を話すことができず、話し合いが成り立たない」と苦情があったのです。

ディスカッションした内容は、発表用にまとめ、グループごとに発表もしてもらいます。そして、その出来ばえは彼らの成績にも影響してきます。それにもかかわらず、話し合いができないのでは、自分たちにとって不利になるというわけです。

私はこうした話を聞いても、グループのメンバーを替えるといった配慮をするわけではありません。それぞれのグループの様子は見ていますし、学生が困っているのは理解していますが、私からは「それはそれで、自分たちで対処しなさい」と言うだけです。

そして私には、これが一部の日本人学生の英語力が足りないというだけの問題でないこともわかるのです。

英語で話せないと指摘されている日本人学生は、まさにグループワークが上手くできないことを体験し、そこからどうやって上達していくのかを学ぶためにその場にいるのですから、その時点で上手くディスカッションができないことは、それほどの問題ではありません。

ここで問題があるとすれば別のことで、それは彼らがグループワークを上手く進めることに消極的である点です。

苦情を伝えてくる留学生から見ると、その日本人学生たちがディスカッションの内容を理解しているのかもわからず、やる気があるのかもわからないほど消極的に見え、彼らとグループワークを続けても、まともな成果が見出せないと思えてしまっているのです。

そうした日本人学生は、英語がわからないこととは別に、人への接し方がリアクティブ（Reactive: 受身的、反応型の、という意味）なのです。

英語がまだよくわからなくても、プロアクティブな（Proactive: 積極的な、率先した、という意味）、あるいはそれに近い振舞いをする学生には、「彼らと同じグループでは自分たちが不利になる」というような苦情は寄せられにくいものです。

したがって、グループワークが上手くできないと感じている学生がいれば、自分の英語力について考えるだけでなく、自分はグループのメンバーに十分に積極的と感じてもらえる振舞い方ができているかを考えてみるべきです。

英語力が不十分で、しかもリアクティブで頼りないと思われたら、どんなことをするにも「この人とやれば何とかなる」とか「この人なら何とかするだろう」とは考えてもらえないものです。

リアクティブなのは必ずしも日本人学生だけではありませんが、目立って多いことは否定のしようがありません。

■こんな事態に対処できるか

社会人として仕事をしながら、どんな場面でコミュニケーション能力を発揮することになるのか。極端な例ですが、実例から1つ見てみましょう。

日本国内であった賄賂の請求についての話です。同じようなことは、海外にいてもある程度の頻度で起こるものです。

こうした事態に上手く対応し、解決できるコミュニケーション能力を持つ人が求められます。日本語で対応するのも十分に難しい話ですが、海外ではこれを英語か現地語で行うことになります。上手くできる人とできない人がいることは、想像できるのではないかと思います。

あるとき商談中に、当社（自分の会社）の製品の購買を検討してくれている相手の会社の担当者から、突然に賄賂の請求を受けました。

この個人口座に毎月〇十万円を振り込んでほしい。そうしてくれるなら、今回購買を検討している製品を売り込んできている他の会社（当社にとっての競合会社）のプレゼンテーション資料をそのまま渡してもいいと言うのです。その資料には、競合会社の提示している価格も記載されているため、それを見れば、どうすれば受注できるかわかるはずだと話が続きました。

この申し入れには即答することができず、その場ではあらためてご返事しますと相手に伝え、どうすべきかを考えることにしました。

はっきりとわかるのは、このような話には応じることはできないことです。相手の会社は、誰でも名前を知っているような有名企業です。当社とも長年の取引があります。相手の社内で、このような行為が認められているとは考えられません。

こんな話をしてくる相手は、当社のプレゼンテーション資料も平気で他社に渡してしまうとも考えなくてはなりません。相手の会社はまともなのですが、担当者はそうではないわけです。

これはかなり慎重に話を進めなくてはいけない状況です。この申し出を断れば、今回売り込んでいる製品は受注できなくなりそうです。この担当者１人のおかげでこんな事態になるとは、想像していませんでした。

それではこの担当者ではなく、相手の会社の誰か他の人に、こうした請求を受けたことを話すべきでしょうか。これも下手に話すと、自分たちが悪者にされたりして、既存の取引にも影響が出ることが考えられます。他の製品の取引が減ったり、場合によってはなくなってしまうことも想定して話を進めるべきでしょう。相手の会社に、すべてを聞いて理解してくれる人を見つけることはできないでしょうか。

それにしても、相手の会社の担当者があからさまにこの話を持ち出してきたのが、あまりに不思議です。取引先から賄賂を求められるのは、はじめてのことではありませんが、これほどの有名企業の担当者が、昼間に会議室で商談中に堂々と申し出てくるのは、どう考えても異常です。

自分が相手の会社を担当しているのは、ここ１年ほどのことですが、ひょっとすると以前にも似たようなことがあったのかもしれないと思い、経理部の部長に相談してみました。お金の流れを知っている人だからです。

そして耳に入ってきたのは、何年か前に、当社のある役員の指示で、相手の会社の同じ担当者が指定する口座へ、しばらくの間送金をしていたことあるという事実でした。それを聞いて、相手がこんなにあからさまに言ってきたことも理解できました。

しかし、このような取引に当社が応じていたことは明らかに間違った行為で、今後は繰り返すべきではありません。さあ、この件について、どういう順序で誰と何を話して、どういう状態を落しどころにするか。

このような問題に、海外で英語で対応して解決している人は、実際にいるものなのです。英語の試験問題でスコアが何点だったかということとは、まるで次元が違うことであるのがわかるのではないでしょうか。

■どう考えてどう話すか

著者は、企業の海外赴任者予定者のための研修で講師をすることがあり、そこでは上記の例よりも頻繁に起こる事柄をケーススタディとして、受講者に取り組んでもらっています。

著者が作成し、すでに20年近く研修で用いているケーススタディの設問を2問ほど紹介します。どちらも海外赴任者にとって、普遍的と言えるテーマを扱っています。それらがどんなもので、どんなコミュニケーション能力を求められるものかイメージを摑(つか)んでいただければと思います。

第10講や第11講でも似たタイプの事例を紹介していますが、これらの設問にあるようなことが原因で、私たちは相手に不信感を持ったり、揉めることになったり、信頼関係を維持できなくなったりするものです。

〔Case Study 1〕 赴任した海外現地工場にて

自社工場からの製品出荷が、若干遅れることが多い様子である。大幅に遅れることは稀(まれ)であるが、半日の遅れや、夕方出荷予定であったものが、翌朝の出荷になるといったことが多い。

出荷担当者たちや現場マネジャーは、これを特に気に留めていない様子で、注意をしても効果がなかった。

日本とは事情が異なり、「こうあるべき」という認識が違う上に、全体的に従業員がなかなか言うことをきかない。

① どのような状況に変えるべきだと思いますか。現状維持も考えられますか。
② 具体的解決策としては、どのようなことが考えられますか。
③ 解決するにあたり障壁になると思われる事柄は何ですか。
④ あなたはマネジャーとして、どのような対応をすると思いますか。

海外現地工場に赴任したマネジャーになったつもりで考えてください。あなたから見ると、工場での作業がどうにもダラダラしているように見えます。出荷先（顧客）からクレームは来ていないようですが、日本では間違いなくNGが出ると思えることがいろいろと目につきます。

そうした点について指摘するのですが、現地従業員たちは思うように動いてくれないといった状況です。これは海外赴任をして工場の運営などにたずさわる人の多くが体験することです。

そこでペアまたはグループになって、①から④の問いについて話し合い、発表をしてもらいます。

① ②については、できるだけたくさんの考えを出してもらい、③では、現状維持をしようとする場合、または現状維持はせずに②で考えた解決策を実施しようとするときに、どんなことが障壁となるかを考えてもらいます。そして④で、どんなアクションを取るかを決めてもらいます。

ここではこの設問の解答例などについては触れませんが、この設問の内容から、マネジャーとして正しいと思うことを述べていれば上手くいくわけではないのがわかると思います。

このようなことが海外の現地工場などで生じた場合、マネジャーとしてどうすべきか自分で考えることになるでしょう。そしてコミュニケーション能力を発揮して、それを実行することになります。

こうした演習は、多くの人たちと一緒にやることに意義があります。他の人たちが、どのように考えるのかを知ることができるからです。①を検討する時点で、現状維持はあり得ないという人と、現状維持でもよいのではないかという人で、意見が食い違うこともめずらしくありません。

もう１つの設問を見てみましょう。

〔Case Study 2〕 赴任した海外現地法人にて

現地採用している現場マネジャーＣは信頼できる人物で、他の従業員からの信頼も厚く、相当量の業務をこなしている。

本人は今後も当社での業務に従事したいと意思表示しており、今後現地法人で出世するタイプの人材である。

しかし昨日、Ｃは昼休みにアルコールを摂取しており、それは習慣的であると、ある従業員より告発を受けた。

業務時間中のアルコール摂取には問題があると思うが、これまで当社では前例がなかったために、どのように対応したらよいのかわからない。

また、この現地マネジャーが退職した場合、同レベルの人材を簡単に採用できるとは思えず、全体の業務に支障が生じるのは明らかである。

① この現状に対して、どのような対応をするべきだと思いますか。
② 本人への対応としては、どのようなことが考えられますか。
③ 対応策を実行する場合、どのような不都合が生じると思われますか。
④ あなたはマネジャーとして、どのような対応をすると思いますか。

現地で「番頭さん」のように、いろいろと気を利かせて立ち回ってくれるマネジャーの存在は重要です。日本の事情にも明るかったり、日本語もわかる人材であれば尚更です。こうした人がいてくれることで、現地法人の運営もしやすくなりますから、たいへんにありがたい存在です。

その人が、どうやら問題といえる行為を習慣的に繰り返していたようです。この設問ではアルコールとしてありますが、非合法のドラッグの摂取と置き換えて考えてもらう場合もあります。地域によっては、実際にそうした問題が起こることがあるからです。

現地に赴任したあなたとしては、現場マネジャーＣを失いたくありません。実際のところＣがいなければ、今月の業務さえも順調におえられないかもしれず、混乱を見るのは明らかです。そして、今後も引き続きＣには頼っていきたいと考えています。

同時にＣの行為は、（まだ本人に確認したわけではありませんが）無視できないことで、それが問題であることも十分に理解できます。

①から③の問いについて多くの考えを挙げ、④でどうするかを決めま

す。こうしたことは起こらなければ、それに越したことはありませんが、もし起こってしまえば④を行動に移さなくてはなりません。また行動を取っても、思い通りに物事を運ぶことができるとは限りません。ここでもやはりコミュニケーション能力が問われることになります。

■ 言葉が苦手でもマネジメントできている人

英語は得意でないのに、コミュニケーション能力が高く、海外現地法人などで上手にマネジメントしている人もいるものです。

私が勤務先のメーカーから、マレーシアにあった製造工場に研修生として赴き、数ヶ月間滞在していたときのことです。

ある部品を製造する部門では、日本から現地に赴任していた副工場長が責任者を務めていましたが、その部門は赴任者である副工場長がいなくても、現地の従業員だけで業務が進むように指導されていました。

副工場長いわく、自分は当初、工場の一部門の責任者でしかなかったが、自分がいなくてもその部門が回るようにできたため手が空いている。ついては工場全体の改善活動を現地従業員たちで実施できるようにすべく、そのためには自分にある程度の権限が必要だったため、現地の社長に頼んで副工場長にしてもらったとのこと。

副工場長が責任者をしている部門は、私も頻繁に出入りしていましたが、見事に現地従業員への業務移管が進んでいました。英語は得意でなかった副工場長ですが、従業員たちから信頼され、若い従業員たちが楽しそうに仕事をしていたのが印象的でした。

私自身、副工場長の仕事ぶり、特に上手にコミュニケーションを取りながら現地従業員を指導する様子を見せてもらえたことは、本当によい勉強になったと思っています。

現地で言葉の通じない従業員たちに仕事を教え、現地の従業員だけで稼働できるようにするのは、経験がない人には当たり前にできることに思えるかもしれませんが、実際のところ決して簡単でないことが多く、第２講で述べたような現地への業務移管が進まないという問題は、多くの日本企業の海外現地法人に存在しているのです。

現に同じ工場の他の部門では、現地に日本人の従業員がいないと稼働はできても不良ができやすかったり、機械に不具合が発生しがちになったりしていました。

その部門は日本人の工場長が担当していたのですが、副工場長の説明では、工場長は自分で作業をしてしまっており、現地従業員に教えることができていないとのこと。観察していると、本当にそうなのでした。

■ マネジメントできないだけではなかった

工場長も体はよく動かすのです。副工場長と一緒に現場を見に行くと、その日はダンボールの箱をいくつも並べて、何かを中に詰めたりしています。

どうやらその作業は普段はない仕事なので、人にやらせず自分でやっていたらしいのですが、副工場長によれば、「そうしたイレギュラーな作業も含めて現地従業員に教えなくてはいけない」「あちこちで不具合や遅れが出ているのに、自分が他の作業をしていては何も改善しない」「工場長としてやるべきことができていない」とのこと。

私にはそれはコミュニケーションスキルに基づく問題に思えました。これを「英語がわからないから」で済ませようとする人たちもいますが、副工場長の部門を見てしまえば、それは言い訳にしか聞こえなくなります。

私は工場長が、よくいるタイプの人の上に立って皆をまとめることが苦手な人で、そういう役割が向いていないだけだろうと思っていました。

しかし、あるとき工場長の取った行動を見て幻滅し、以降は何に関しても大らかな解釈ができなくなってしまいます。

その日私は工場長に、下請業者に仕事を頼みに行くから同行するようにと言われ、午前中に工場長と一緒に自分たちの工場を出発しました。工場長の運転する車は、下請業者の作業場のようなところへ着きました。

そこでは何十人もの作業者が、手作業で熱心に梱包作業などをしています。

訪問の約束はしていないようでしたが、工場長は、その会社の社長を呼び出して、新規で製品の箱詰めのような仕事を頼めるか尋ね、その場で仕事を依頼することを約束しました。「日本から研修生として来ている社員がいるので、ここの作業現場を見せようと思って」と言って、私のことも紹介しました。

下請業者の社長は現地の人でしたが、工場長には平身低頭で、私にも丁寧に挨拶をすると、つたない日本語で工場長に「昼食はいかがですか」と尋ねました。そのとき時間がちょうど昼前だったからです。工場長は「あっ、いいの～（ごちそうになっても）」というと、「昼飯に連れてってくれるよ。へへへ」と言うのです。

下請業者の社長も、一緒に来られた社長の奥さんも、私もそのわざとらしさにげんなりしていました。工場長は、仕事を依頼したのは確かですが、同時に下請業者に昼飯をたかりに来ているのです。そして、１人でそれをするのは、あからさますぎるのでしょうか、私のような立場の社員を連れて、現場を見せに来たなどとも言っているわけです。

それから中華料理店でダチョウの料理などをごちそうになりましたが、下請業者との会話から、工場長は以前にも同じ店に連れてきてもらったことがあり、他の店も含め、何度も食事の接待をさせている様子がわかります。下請業者の社長夫妻は、日本語も英語もあまりわからないのですが、工場長が日本語でしか話せないため、会話はすべて日本語で交わされていました。

このときは私もかなり嫌な気分になったため、帰り道で、そのことを工場長に言うと、「これぐらいのことは、誰でもやっているから別にいいんだ」と不貞腐（ふてくさ）れていたのを覚えています。

追ってそのことを副工場長に話すと、「○○さん、またやってるのか」と呆れていました。

これについては、自分のしたいことを上手にできる優れたコミュニケーション能力などと冗談を言うわけにはいきません。
工場長のような行いは、他でもいろいろと見てしまうだけでなく、長い社会人生活の中では自分に対して行われたことも、少なからずありました。しかし、こんなことがアジアで現地の下請業者を相手に行われることが、日本人がなかなか尊敬されない（ことがあるとすれば、その）理由の1つだと思います。

現地の人たちと上手にコミュニケーションを取って信頼を得ている人がいるかと思えば、コミュニケーションを取るというよりも、立場を利用して相手につけ入るような行為をする人もいて、それを見るのは非常に残念なことです。

■ プリズナーゾーンからの脱出

英会話を身につけたいのに、試験で高スコアを取ることを求められて、その取り組みを続けなければならず、自分のしたい学習ができないといったことがあるかもしれません。コミュニケーションを取るための学習はできず、やたらと難しい単語や文法を覚えて4択問題から正解を選ぶことが自分の英語学習になってしまっているという状態です。
私たちは社会人になっても、こうした状態が続くことがあります。管理職に昇進するときの条件として、英語試験のスコアを求められたりするからです。

著者はこれまでに、不必要な英語学習を押しつけられ、それに囚われた境遇を「プリズナーゾーン」と呼び、そこから脱出する方法を提案してきました。[★]
著者の世代でも、中学から英語の授業があり、ほとんどの人が成果を

［★］ 月刊誌『日経ものづくり』日経BP社にて担当していた連載記事「英語で伝えるMONO ZUKURI」（2008年1月号）などで紹介。

挙げることのできない学習をさせられ、試験も受けさせられてきました。

大学生になっても、社会人になっても、この状態が続く現状があります。企業の様子を見ていると、英語を学びなさいとプレッシャーをかけられる状態は、40代中頃まで続くようです。40代後半になった人には、勉強しなさいという人はいなくなりますから、もう何も言われなくなりますが、あなたが現在20歳であれば、これからまだ25年くらいは、自分にとって有意義とは思えない英語学習を押しつけられる期間が続くのです。

もしあなたが、これまで英語学習に時間を費やしてきたのに、本書の第９講「どんなフレーズからマスターしていけばいいのか —— 覚えるべき『簡単なフレーズ』とは」に登場するようなフレーズやセンテンスを使った会話ができず、それなのにまだ英語の試験でよいスコアを取得することなどを求められていれば、あなたはプリズナーゾーンの中にいます。

その状態から抜け出して、自分にとって有意義な学習をしたければ、その方法は２つあります。１つは、「できない」「やらない」と主張して受験なども放棄してしまうことです。

これは語学が本当に苦手な人が選択することのある方法です。人によっては仕方ないと思えることもありますが、国際的に活躍したいビジネスパーソンが選ぶ方法ではありません。

もう１つは、勉強しなさいと言う人たちが求める要求を早く満たしてしまうことです。それが有意義なことに思えなくても、一定の期間はそのための学習をします。

たとえば試験でスコアを取得することが必要となれば、できるだけ短期間でそれを実現してしまいます。不必要な英語学習を押しつけられなくなるために実現すべきことを知り、それらに早めに対処してしまうのです。

著者も英語の試験勉強は好きではありませんでしたが、30数年前には、米国の大学に入学するために割り切って、TOEFL（Test of English as a Foreign Language）の試験スコアを上げるべく勉強をして、何度か受験したものです。

ムダな時間と労力に思えるかもしれませんが、早めに求められる条件をクリアしてしまえば、多くに人がプリズナーゾーンに囚われ続ける時間と比べて、随分と短い時間で脱出することができます。そうすることで、本当にしたい学習に時間をあてがえるようになるはずです。

コミュニケーションを取るための勉強ができるように自分を自由にすることが、プリズナーゾーンからの脱出です。

本講の Point

◎上手なコミュニケーションのためには、英語力とは別に、リアクティブではないプロアクティブな振舞いを心掛けるべきである。

◎まだ英語が苦手でも、上手にコミュニケーションを取って、上質なマネジメントをする人材もいる。

◎自分にとって不必要と思える学習を押しつけられた状態からは、できるだけ早く脱出して、自由な学習ができるようになるべきである。

Exercise
答えのない演習問題

1人または
グループで
考えてみよう

Q. 4-1

日頃のグループワークなどにおける自らの振舞いは、プロアクティブ（Proactive: 積極的な、率先した、という意味）でしょうか。それともリアクティブ（Reactive: 受身的、反応型の、という意味）でしょうか。英語でもプロアクティブな姿勢を維持できると思いますか。

考える
Hint

どちらのタイプの振舞い方をすることが多いか、率直に話し合ってみましょう。グループワークを英語で行った経験があれば、そのときの自分についても思い出してみましょう。

Q. 4-2

これまで行ってきた英語学習で、自分にとって有意義だったと思える学習と、そう思えなかった学習について述べてください。なぜそれらが有意義、あるいはそうでないと思えましたか。どのような学習が自分にとって理想的かも考えてください。

考える
Hint

率直に回答すれば大丈夫ですが、コミュニケーションを取る必要があることを前提に考えると、どんな答えが出てきますか。それについてもじっくりと考えてみましょう。

Column

きちんと区別して使えるようになる so と too／until と by

so と too の違いを見てみましょう。
so late は「とても遅い」、too late は「遅すぎる」を意味します。

so late のほうは、「とても遅くて、それは好ましくないが、特に問題は起きなかったとき」、たとえば She came back so late.（彼女はとても遅く帰ってきた）という場合に使い、too late のほうは、「遅すぎて、それが問題であるとき」、たとえば It′s too late to go out.（出かけるには遅すぎる）という場合などに使います。

したがって so heavy to carry と言った場合には、とても重いけれども運ぶことはできます。too heavy to carry であれば、重すぎて運べないことを意味します。

ここまで読めば、もう区別して使えるはずです。たとえばデザートに so much ice cream が出てきたら、それはおそらく何とか食べられる量ですが、too much ice cream なら、とても食べられる量ではないということです。

同じように、簡単に区別できるのが until と by です。
until は「まで」、by は「までに」と覚えるとよいでしょう。

したがって、
The shops open until seven. は「店は7時まで開いています」
Please come back by eight o′clock. は「8時までに帰ってきてください」
となります。

We can stay in our dormitory until next weekend.（私たちは来週末まで学生寮に居られます）
Students must apply for university housing by this Friday.（学生は今週の金曜日までに、学生寮の申し込みをせねばならない）
という具合に使います。

成功する「効果的な習得方法」①
―― 聞く、話す

第5講から第7講では、具体的な学習方法を紹介していきます。語学の習得は、その方法を間違うと、継続できなくなったり、身につかなくなることが多いものです。ラクに取り組めて、高い効果を期待できる習得方法について考えていきましょう。まずは本講で「聞く」と「話す」について考察します。

「聞く」と「話す」はセットで学習するものであることを意識しましょう。私たちは、聞いたことのあるフレーズやセンテンスを話します。英語で話すときは、自分でフレーズやセンテンスを考えて話すのではありません。

フレーズやセンテンスを考えて話すのは、母語のように精通した言語であれば可能かもしれませんが、勉強中の外国語や、ほとんど話したことのない言語でできることではありません。つまり、話すために大切なのは聞いておくことなのです。

■話すためには、聞いておくことが必要

たとえば、I shouldn't have to tell you this. というセンテンスがあります。あなたなら、これをどんなふうに訳すでしょうか。どんな会話の中で話されているかにより多少違ってくるとは思いますが、このセンテンスは概ね「こんなことを言わせるな」とか、「こんなことを言われるの

はおかしいだろう」という意味を表しています。

これはロバート・デ・ニーロ主演の映画『カジノ』(1995年)で、ロバート・デ・ニーロの演ずるサム・ロススティーンが、スロットマシンを担当していた従業員を叱ったときのセリフの一部です。

カジノ全体を取り仕切るサム・ロススティーンは、この従業員の要領のわるさについてひとしきり指摘をした後、"You're the slots manager. I shouldn't have to tell you this."(お前はスロットマシン担当のマネジャーだろう。こんなことを言わせるな)と叱責します。

このI shouldn't have to tell you this. ですが、英語を勉強中の私たちが考えてつくることのできるセンテンスに思えるでしょうか。直訳すれば、「これをお前に伝えなくてはいけない、となるべきではない」とでもなるのでしょうか。日本語としては不自然な表現で、まず使うことはありませんから、I shouldn't have to tell you this. というセンテンスは、聞いたことがなければ出てくるものでないことがわかるでしょう。

もっとも、これはかなりきついセリフですから、普段誰かに言ったりすることはほとんどないと思いますが、この映画の大ファンで90年代半ばに何度も繰り返し見ていた私は、この一言を覚えていて、いい加減な間違いを繰り返す取引先の業者に、1、2度同じことを言ったことがあります。自分でそう口にして、相手がへこむのを見て、かなりきつい言い方だとも気づいたのですが、この映画を見ていなければ、まず口にしなかった一言でもあると思います。

私たちは、どんなフレーズやセンテンスも同じように学んでいきます。すなわち聞いて覚え、それを真似して話すようになるのです。

同じようなシーンで、日本語で相手を叱責するとすれば、どんな日本語のフレーズを使うでしょうか。(「君はマネジャーだろう」と述べた後には、)たとえば「いい加減にしろよ」「このくらい知っているべきだろう」「こんなことを言わせるなよ」などと話すのではないでしょうか。ここに挙げたセリフは、日本語が母語の人なら、おそらく誰でも聞いたことのあるフレーズで、そうであるからこそ口にできるものです。

聞いたことがあるから話すことができ、次第にアレンジもできるようになります。聞いておくことの必要性をわかっていただけますでしょうか。

どんなフレーズでも、まったく同じことです。簡単なフレーズによる会話も同じです。たとえばファストフード店で注文するときの会話でも、そのやりとりの会話を聞いておくことで、自分も真似して話せるようになっていくのです。

■どんなものを聞けばいいのか

それでは私たちは、普段どんなものを聞いておくとよいのでしょうか。英語を聞くとなると、どんなものを教材にすることを思いつきますか。

何でも勉強になると言えばそうですが、学習効果の高い教材とそうでないものがあります。特に、学習に限られた時間しか割くことができない場合には、どんなものを教材とすべきか、よく考えたいところです。

聞くための教材となると、音声CDのついた（あるいはダウンロードできる）英会話の教材を思いつくのではないでしょうか。筆者も10代の頃はカセットテープで英会話を聞いて練習したものです。

しかしながら、ここでは音声CDやダウンロードの音源よりも、映像を見ながら、その音声を聞くことをお勧めしたいと思います。映像が一緒にあると、音声だけを聞いているよりも、何を話しているのかわかりやすいからです。

映像が一緒にあるとわかりやすいと聞いて、「？」と思われた方もいらっしゃるかもしれません。実際のところ、私自身がそうでした。

カセットテープを聞いていた頃は、英会話が交わされるのを見られるテレビ番組といえば、（教育番組以外では）人形劇くらいしかなく、それを見てもさっぱり理解できず、見ていることが苦痛でしかなかったからです。またCNNやBBCといったチャンネルのニュース番組などを見る機会があっても、何を話しているのかさっぱりわからず、見続けることすらできませんでした。

このため基本的な英会話を学ぶなら音声のついた英会話教材が適切と考えていましたが、追って、それは映像を用いるのがわるいのではなく、たまたま見ていた映像が適切なものでなかっただけと気づきます。

英会話の学習で、聞くために見るべき教材は、シチュエーション・コメディ（Situation comedy: Sitcom）と呼ばれるテレビ番組でした。筆者が子供の頃には、『アーノルド坊やは人気者（原題：Diff'rent Strokes）』や『ファミリータイズ（Family Ties）』といった番組が、日本語の音声吹替えでテレビ放送されていました。

登場人物が決まっている30分ほどの連続もののコミカルなドラマです。筆者と同世代か、少し若い世代の人たちに聞くと、『フルハウス（Full House）』という番組や、コメディではないようですが、『ビバリーヒルズ高校白書（Beverly Hills, 90210）』という連続もののドラマを見ていたという人が多くいます。

登場人物が決まっている連続ものドラマは、見ている側が、それぞれの登場人物たちの性格や関係性を知った上で見ることができます。

たとえば日本のアニメで『サザエさん』を例に挙げれば、私たちは磯野家の家族構成やそれぞれの登場人物のキャラクターを知っています。カツオくんが何かしたときの波平さんの反応とマスオさんの反応には、どんな違いがありそうかといったこともわかっています。そうしたことをわかった上で聞く会話というのは、それがわかっていない場合と比べて、格段に理解しやすいものです（ホームステイというのは、実際にこのような環境に入り込むことです。そのため英語の会話に慣れていきやすいのです）。

そのため、連続ものの番組であることはお勧めです。これに比べて映画は（前項ではセリフの例を挙げましたが）、登場人物やその登場人物の性格を知らずに見る場合が多く、そのため特に勉強中の外国語で見るときは、ストーリーや会話も理解しにくいわけです。

先に挙げたニュース番組も、たとえば高速道路でひどい交通事故が起きているという映像を前にレポーターが話しているのなら、何の話かわかりやすいかもしれませんが、アナウンサーが政治経済や馴染みのないローカルのニュースを伝えていても、なかなか理解できるものではありません。

■シチュエーション・コメディを選ぶ

好きなシチュエーション・コメディ（以下：シットコム）を選んで毎日1、2話見てみてください。人によって程度に差はあるかと思いますが、3ヶ月ほども続けると、それをやらない場合と比べて、非常によく会話を聞き取ることができ、話もよく理解できるようになります。

私は普段英語を使わない環境にいる人たちが、聞く力を向上させたければ、この取り組みをすることが必要で、極端に聞こえるかもしれませんが、これをするかしないかが、聞き取れるようになるかどうかの分かれ目だとさえ考えています。

ぜひ一度試していただきたいと思います。一度見たものも何度か繰り返して見てみましょう。3ヶ月経っても、知らない単語はわからないままになりますし、「この会話の意味はわからない」という部分も多く残るとは思いますが、全体としてどんなストーリーで、どんな展開をしている話なのかは理解できるようになり、真似をして話せるフレーズやセンテンスも数多くできているはずです。

こうしてシットコムやドラマを3ヶ月ほど続けて見ることについては、いくつかの注意点があります。継続するために知っておきたい事柄です。

まずあなたが選ぶ番組は、あなたが気に入っているものでなくてはなりません。ドラマなら何でも好きという人ならともかく、こうしたものはおもしろいと感じなければ、それほど頻繁に見られるものではありません。

今日はレンタルビデオ店や動画配信サービスに、さまざまなシットコムがあり、選んで見ることができます。

もしあなたが選んだ作品を見続けることができないとしたら、また別のものを選んで見てみてください。これは何度も繰り返すことになるかもしれないプロセスです。筆者の私などはそうなのですが、もともとテレビが好きではなく、余程おもしろいと思えなければ、まず見ることもないような人たちは、継続して見られるほど好きなシットコムやドラマに出会うまでに、かなり時間を要するかもしれないのです。

これはおそらく、テレビを見るのが好きな人たちにも起こり得ることでしょう。このことを知っておかないと、シットコムを見続けられない自分を咎めてしまうことがあるかもしれません。もし見続けることができなければ、それはあなたではなく、選んだ番組がわるかったのではと、疑ってみるのがよいのです。

私の場合は、米国へ留学してからも、なかなかおもしろいと思うシットコムには出会うことができませんでした。ホームステイ先の娘さんは、毎晩『Taxi』という有名なシットコムの放送を楽しみに見ていたのですが、これは私には難しく、一緒に見ることはできませんでした。

その代わり、私は『コスビー・ショー(The Cosby Show)』という番組があるのを知り、ビデオに録画して毎日見るようになります。それまではシットコムやドラマを見続けることのできなかった私ですが、なぜだかこの番組だけはおもしろく、続けて見たいと感じ、実際にVHSのビデオテープが擦り切れるくらいまで、何度も繰り返し見たものです。

『コスビー・ショー』に登場する家族の構成や、登場人物のキャラクターなどは、少し見ていればすぐに理解でき、会話もどんどん理解できるようになっていくのが、自分でもよくわかりました。

映像を選ぶ際には、連続ものであること、おもしろいと感じ、見続けられるものであることが大切です。難しいと感じるものは避けて、ラクに見られるという意味で簡単なものを選びましょう。

見ることそのものが苦痛であったり、我慢が必要なものは、続けて見られるものではありませんからお勧めできません。苦痛をこらえて勉強すると、勉強した気にはなるかもしれませんが、そのときの自己満足でおわってしまいやすいものです。

■ 聞くトレーニングをするときに

ここで教材を使って聞くトレーニング（いわゆるリスニング）をするときに、どんな点に気をつけると効果的か考えていきましょう。

まずは聞き流すのではなく、短時間でよいので集中して聞くことをお勧めします。どのくらい集中するかというと、30分も続ければくたくたに疲れてしまうくらいの集中をします。

前出のシットコムについては、ストーリー（話が全体としてどうなっているか）を理解したいという目的もありますから、ある程度は流しながら見ていくほうがよい面もありますが、たとえば一通りストーリーを追った後に、「この部分を10分程度」と決めて、集中して聞いてみます。

集中するとは、話している人がどんなことを言っているのか、逃さず聞き取るつもりで一生懸命に聞くことだと解釈してください。

DVDでも、YouTubeなどの映像でも、CDでもいいのですが、前項でも述べた通り、できるだけ興味のあるもの、ラクに聞けると思う簡単なものを探して聞きます。

集中しますから、運転しながらや、歩きながら行うのは決してお勧めしません。事故につながりかねませんから注意していただきたいと思います。ぜひ自分の部屋でリラックスした状態で、ラクな姿勢で行ってください。

選んだ映像や音声がどのくらいの難易度のことを話しているか、どんなスピードで、どのくらい明瞭な話し方かといったことにもよりますが、集中して聞き取ろうとすると、そうしていないときよりも、よく聞き取れることを実感できると思います。

先に「30分も続ければ……」と述べましたが、はじめは30分という時間はかなり長く感じると思います。あくまでも目安としてですが、はじめは５分くらいからはじめて、少しずつ時間を長くしたり、５分を１回として、それを何度か繰り返すといったイメージで取り組むとよいはずです。

■ 聞き取りスキルを高めるために

集中することと合わせて、ぜひやってみたいのは単語がどう発音されているのか、注意して聞いてみることです。

センテンスには単語が並べられていますから、センテンスの単語を聞いてもいいのですが、まずは単語1つひとつをじっくり聞いて、どんなふうに発音されているかよく確かめてみてください。

単語を読み上げる機能のある電子辞書やインターネット上の辞書がありますから、それらを活用しましょう。簡単な単語から聞いてみます。たとえばDesk とか Chair といった単語も、ネイティブスピーカーが発音するのをしっかり聞いたことがない人は多いのではないでしょうか。

Computer や Computer mouse、Smartphone といった、おそらく練習しなくても口にすれば通じそうな単語も、あえて発音をしっかり聞いてみます。「こんな発音をしているのか」と気づきを得る人も多いはずです。

特にお勧めしたいのは、One から Twenty くらいまでの数字がどう発音されているのかよく聞いてみることです。私たちの多くは、まずOne がきちんと発音できません。多くの人が犬が鳴くような「ワン」という読み方をしてしまいます。正しくは「ン」のところで、上の歯と下の歯の間に舌を挿むようにして、犬のそれとは違った発音にするのですが、そうした点について学んでいないため、気づくことができていないのです。あらためて数字の発音をよく聞いてみてください。

このような訓練をすることで、「英語が聞き取りやすい耳」もできてきます。

皆さんもワイシャツ（英語では Dress shirt）は、英語のわからなかった日本人がアメリカ人が White shirt と言うのを聞いて、それがワイシャツと聞こえて、そうした呼び方になったという話を聞かれたことがあるのではないでしょうか。

「英語が聞き取りやすい耳」を持つと、微妙な英語の音がわかってくるようになるものです。

■ 歌の歌詞を聞き取ってみる

音楽を聞く力を持った人は、曲のメロディーを流して聞いているというよりは、そのときに鳴っている楽器の音をよく聞いているものです。

私自身、これについては昔プロのミュージシャンから「ちゃんと聞けていないんじゃないか」と指摘を受けたことがあり、それがどういう意味か説明してもらったことがあります。

彼らは私を見ていて、「聞けていない」ことがわかったようで、今聞こえる音をきちんと聞き取ることについて教えてくれました。「今鳴っている音を聞いていなくては、その音がどう変化していくのかもわからない」と話す人もいて、印象的だったのを覚えています。

「今鳴っている音をしっかり聞く」ことを心掛けると、驚いたことに音楽というのは違って聞こえ、耳に入ってくるものが変わってきます。それに加えて、曲が展開していく様子もよりよく理解できることに気づいたものです。

英語を聞くのも似た面があり、どんな音が鳴っているのか注意して聞くと、よく聞けるようになっていきます。

音楽については、楽器の音を聞くこととは別に、歌の歌詞を聞き取ることをお勧めします。これも、今よりも集中して聞くように心掛けてみてください。英語の歌詞は何を言っているのかわからないのが普通ですが、注意することで聞こえてくる単語があるはずです。

私が学部生の頃、台湾からの留学生で、英語力は私と同じくらいなのに、歌の歌詞については私よりも遥かによく聞き取っていて、ラジオから気に入った曲が流れてくると、それに合わせて歌い出す人がいました。

私が「どうやって覚えたの」と聞くと、その人はいつも「ただ聞いているだけ」と答えていたのを覚えています。つまり私は、その人と比べると歌詞を注意して聞いていなかったわけです。メロディーを聞いているだけで、歌詞は聞き流してしまっている。

その後、注意して聞くようになると、すぐにすべてわかるようになるわけではありませんでしたが、注意していないときよりも、かなりよく聞き取れることに気づいたものです。そのときも、やはりその瞬間、瞬間にシンガーが歌っている言葉をよく聞こうとすることが大事でした。

歌詞を聞き取る訓練は、音楽好きの人には実によい練習になります。好きな曲を聞くのは楽しいことですし、そこで歌われていることの意味が理解できるのもおもしろいことだからです。

歌詞については、聞き取ろうとしても、何を言っているのかどうしてもわからないことも多いはずです。その場合は、歌詞を見ながら何度か聞いてみましょう。

私が学部生の頃は、まだインターネットが普及していませんでしたから、歌詞を見たいとなるとCDを買って歌詞カードを見なくてはなりませんでした。その頃に比べると、今は本当に便利で、英米のポピュラーな音楽の歌詞なら、大抵のものはすぐに検索することができます。

歌詞を読みながら聞いてみると、その次からは見なくても、ある程度わかるようになってくるものです。そうして慣れていくことが、普段の会話を聞く力も強化してくれます。

私の記憶では、慣れないうちは、曲を聞きながら歌詞を追っていくことは難しい作業でした。歌詞のどの部分が歌われているのか、わからなくなってしまうのです。それでも慣れと共に、そのスキルも向上し、ラップであろうとも歌詞を追えるようになってくるのですから不思議なものです。

■話すことについて

本講の冒頭でも述べた通り、「聞く」と「話す」はセットとして考えます。つまり話すときは、自分でフレーズやセンテンスをつくって話すのではなく、本講で学んできたコツを押さえて聞いたフレーズやセンテンスを話します。

もちろんフレーズやセンテンスを覚えると応用できるようにもなっていきますが、そのためにもたくさん聞いておくことが大切です。

簡単な一言であっても、聞いたことがなければ、どう言うものなのかわからないことは多いものです。たとえば、相手を咎めるように「どこへ行くのですか」と言うときには、何と口にすればいいのでしょうか。

筆者がこれを最初に聞いたのは、はじめて米国へ行ったときに乗った飛行機の中で、離陸前に着席を促すアナウンスが流れているのに、席を立ってどこかへ行こうとする乗客にアテンダントがWhere are you going?と言ったときでした。

もちろんWhere are you going?は、こうしたシーンだけに使うフレーズではありませんが、その様子を見ながら「ああ、こんなときはこう言うのだな」とわかるわけです。これを聞いたことがなく自分で考えるとなると、Where are you going?かなと思っても、そう言っていいものかもよくわかりません。

私たちはあらゆるシーンの準備をしておけるわけではありませんが、基本的な考え方として「聞いたフレーズだから話せる」ことを忘れないようにしましょう。

■ 聞いたことを話すときに

話すときはどうしても自信が持てないことが多いですから、声も小さくなってしまうことがあります。話したことが通じず、相手にしかめっ面をされることがあったりすると、なかなか自信満々には慣れないフレーズを口にできなくなっていきます。

実は、私も米国にいる間に自分で気づかないうちに声が小さくなってしまっていた時期があり、その頃にはよく声が聞こえないとか、自信を持って話せといったことを言われたものです。英語が通じるかどうか以前に、声が聞こえないのでは話になりません。

あるときに知り合った日本人のミュージシャンで、英語が上手かというとクエスチョンマークなのですが、なぜか現地の有名ミュージシャンの知り合いが多く、米国人の親しい友人がたくさんいる人がいました。

その人を見ていると、大きな声で元気よく話すのです。声を張って話すというか、このくらい明るく大きな声で話されたら相手も好意を持つだろうと思える話し方なのです。

彼は近所の家の子供を見かけたときも、酒屋でウイスキーを買うときも、いつでもしっかりとした声で話しますが、大物ミュージシャンなど敬意を抱いている相手に対しては、特にしっかりと話し、そうした堂々とした態度で接するのが礼儀だと考えているようでした。

挨拶や返事がしっかりできないとか、声が小さい、あるいは暗い雰囲気になってしまえば、周囲から相手にされなくなると考えているようで、彼からはそうしたコミュニケーションの面で学ぶことがありました。

聞いて学んだフレーズは、大きな声で、はっきり話すことを心掛けましょう。ただこれは必要以上に大きな声を上げたり、乱暴な話し方をすることとは違いますから、そうした点には注意したいところです。

■ 丁寧に話す、簡単なフレーズを用いる

本書で学ぶ「ビジネスパーソンとして国際的に活躍したい人たち」には、英語でもぜひ適切な言葉遣いを学んでいただきたいと思います。

英会話を練習するためのCDなどは大丈夫かと思いますが、シチュエーション・コメディなどになるとビジネスパーソンとしては使うべきでない表現や話し方も出てくるはずです。

会話を学びはじめて、まだ慣れていない段階では、どんな表現が丁寧でどんな表現が丁寧でないのかわかりにくいと思いますが、私たちはビジネスパーソンとして相応しい丁寧な言葉遣いをマスターすべきであることを意識してください。それを無視してしまうと、必要な教育を受けていない人に見えてしまうものです。

本書ではこの点について詳しく解説するために講を設けています（第14講「丁寧な言葉遣いを身につける」参照）。丁寧に話すためのフレーズを紹介し、きちんと丁寧に話すとはどういうことかを説明していますので、ぜ

ひご覧いただきたいと思います。

本講では、シチュエーション・コメディなどの映像を選ぶ際の条件の１つとして、「おもしろいと感じるもの、ラクに見られる簡単なもの」を挙げました。話すときも、ラクに話せる簡単なフレーズを覚えて話すことが大切です。念のための説明ですが、「簡単な……」というのは、いい加減とか、丁寧でないという意味ではありませんから、その点は誤解がないようにしてください。

本書では、この「簡単なフレーズ」についても十分な説明を行うために別途講を設けています（第９講「どんなフレーズからマスターしていけばいいのか――覚えるべき『簡単なフレーズ』とは」）。

ぜひ第９講で具体的なイメージを摑んでいただきたいと思います。短いフレーズで話すことなど、意識しておくべきことを解説しています。

本講の Point

◎**私たちは、聞いたことのあるフレーズやセンテンスを話す**（フレーズやセンテンスは、勝手につくるものではない）。

◎**映像**（シチュエーション・コメディなど）**を見て会話を聞くと効果的。継続して見たいと思うシチュエーション・コメディを探して選ぶのが大事。**

◎**集中して聞く、発音を聞く。**

◎**大きな声で丁寧に受け答えをする。**

Exercise

答えのない演習問題

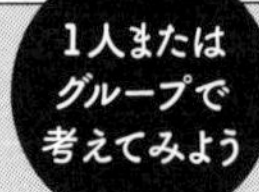

Q. 5-1

英語がどのように発音されているのか、きちんと聞いたことはありますか。聞いてみたら、どのような感じがしましたか。

考える Hint　ネイティブスピーカーが単語などを読み上げるのをじっくりと聞いたことがありますか。もしなければ、電子辞書やインターネット上の辞書などを用いて聞いてみましょう。馴染みのある単語を聞いてみてください。

Q. 5-2

聞いたことがあり、自分でも話せるフレーズには、どんなものがありますか。

考える Hint　対面で聞いたことのあるフレーズでも、テレビで見て覚えているフレーズでも大丈夫です。覚えているものをできるだけ多く挙げてみましょう。

Column

「楽しみにしている」「楽しみで待てない」というフレーズ

前向きでポジティブな一言を述べる練習です。

「楽しみにしています」という定番のフレーズがI'm looking forward to ... です。

I'm looking forward to meeting you. と言えば、「あなたに会うのを楽しみにしています」という意味になります。forward to の後は ...ing となります。

I'm so looking forward to seeing him.
このセンテンスは、so を加えて「彼に会うのをとても楽しみにしている」という意味になっています。

I'm looking forward to this new movie.（この新しい映画が楽しみです）
このセンテンスのように forward to の後に名詞を置くこともできます。

「それを楽しみにしている」と述べる際は、
I'm looking forward to it.
と言います。

I'm looking forward to ... を使ったセンテンスを紹介しましたが、これに対して I look forward to ... は、少し堅い言い回しで、どちらかといえばビジネス文章で使う表現になります。

合わせて覚えたいのが
I can't wait.
で、「(楽しみで) 待つことができない」と述べる表現です。

I can't wait to see her.（彼女に会うまで待てない）
I'm excited. I can't wait.（わくわくしています。待つことができません）
といった使い方をします。

成功する「効果的な習得方法」②——読む、書く

第5講の「聞く」「話す」に続いて、本講では「読む」「書く」をカバーします。読むスキルも書くスキルも、学習方法を間違うと、やる気満々で取り組んでも、なかなか身につけるのが難しくなってしまうものです。効果的な習得方法について考えていきましょう。

前講で「聞く」と「話す」はセットで学習するものと説明しましたが、それは「読む」と「書く」についても同様です。書きたければ、読んだもの＝お手本を参考にして書いていきます。

口語をそのまま書く場合には、何も読む必要はないでしょう。しかし、そうした文章は私的な手紙やメッセージとしてはよいのですが、ビジネスパーソンが書くビジネス文章としては、十分なものではありません。

日本語でも同じことですが、話し言葉と書き言葉は違いますし、フォーマルなビジネス文章となれば、それもまた別のものです。

以上を前提として、読むことと書くことの学習方法について考えていきますが、読み書きをすることは、聞いたり話したりすることよりも難しいものです。まずは、そのことから考察していきましょう。

■ 読み書きは、会話よりも難しい

外国語を学習する環境にいると、「会話はできても、読めない書けな

い」というのを耳にすることがあるのではないでしょうか。母語（第一言語）であれば、生活や仕事をするのに必要な読み書きができても、外国語で十分にできる人は少ないものです。

日本にいる外国人も、ある程度上手に日本語を話すことができても、日本語の新聞や書籍を日常的に読んでいる人は、少ないものです。

外国で暮らす日本人も同じです。会話はある程度できるようになっても、読み書きのできる人となると、その割合は限られています。

私も昔は、ほとんどまったく読み書きができないまま留学しました。何かの申込用紙の説明を読んだり、その記載をするのがやっとで、それ以外では話し言葉をそのまま書くことしかできませんでした。

留学生が苦労するのは、授業を聞いて理解するのもそうですが、読んだり書いたりすることです。私の場合も、授業で指定される教科書をスラスラ読めるはずはなく、授業が進むペースに追いつくように読んでいくのは至難の業です。

日本からの留学生でも、それまでに英語を読む機会が多かった人は別だと思いますが、そうでなければガンガン読める留学生などいるものではありません。はっきりといえば、卒業する頃になっても、教科書は疎か、新聞さえまともに読めない人も決してめずらしくありません。

参考までに以下の話をしましょう。読めないのは褒められたことではありませんが、留学生としては、ここで1人で読むことにこだわって単位が取得できない事態に陥るよりは、そこを何とか上手にやっていく必要があります。必要であればクラスのTA（Teaching Assistant: ティーチングアシスタント）にサポートしてもらったり、勉強会をしたり、場合によっては個人でチューターを雇ったりして、授業の内容を理解したり、提出物を仕上げたりするのは大切なことです。

ここでは、英語を読み書きするための学習方法を紹介していますから、こうした留学先での現実的なしのぎ方のようなテーマには、わずかしか触れませんが、英語を学ぶことと、授業の内容を学ぶために必要なことをするのは、別のことと考えて上手に単位を取得していくことも大事です。

一般的に学部への留学生は、あまり読むもののない科目から履修しはじめるのがコツです。たとえば、教養課程の美術や音楽といったクラスや数学や簿記のクラスなどです。歴史や政治などのクラスは読むものが多く、そうした意味でたいへんになりますから、できるだけ学部生活の後半に履修するほうがラクなはずです。

留学を予定している人は、こうした点について相談に乗ってくれる大学内のカウンセラーなどを探して、相談するとよいでしょう。

同時に大事なのは、まだ読めない段階から、どうしたら読めるようになるかを考え、それと向き合うことです。読めない状態は、放っておいても改善するものではありません。必要に迫られて、ほんのわずかだけ読んでいるという状態を続けて、ある日突然何でも読めるようになることはないのです。

このことを自覚し対策を講じないと、読む力は（たとえ英語圏に住み続けていても）そのまま変わってはくれません。

読むことも書くことも上達する方法はあり、それを実践していけば、実はそれほど難しいことではなかったと、わかるようになります。特に、国際的に活躍するビジネスパーソンを目指す人は、読み書きの力で大きな差がつきますから、ぜひスキル向上を心掛けましょう。

■ 何を読んだら、読めるようになるのか

私たちには、読んだもの＝お手本を参考にして書くという前提がありますから、ビジネスレターを書きたければ、ビジネスレターのお手本を見て書くのですが、まずはもう少し一般的な文章を読むことから考えていきましょう。

読むものは上手に選ばないと、嫌になってしまい、続かないものです。はじめるときはモチベーションが高いことが多いですから、読むものも難しいものを選んでしまいがちです。読むことは継続していくのが大事

ですから、これなら「読める」「続けられる」と感じる文章を選ぶことが必要です。

私が10代の頃、同じように英語学習をしていた友人が『英文対照 朝日新聞 天声人語』だったと思うのですが、新聞のコラムとその英訳が載っている本を持っているのを見せてくれました。そのとき私は、自分には難しすぎて無理と感じたのを覚えています。正直なところ、日本語だけでもきびしいと思ったわけです。

もちろん『英文対照 朝日新聞 天声人語』で学ぶのが合う人もいると思いますが、私の場合、当時は新聞のコラムには関心を持っておらず、いつかは日常的に読むべきと思ってはいたものの、日本語でもほとんど読んだことがなかったのです。

同じ新聞でも、もし4コマ漫画の英文対照があれば読んだかもしれませんが、それにもそれほど興味がないことから、おそらく続かなかったのではないかと思います。

それではどんなものを選べばいいのか。天声人語が無理なのですから、他の新聞記事や本などは無理に決まっています。いずれは読みたいと思っていても、読む練習をはじめる教材として適当だとはいえません。もちろんトライしてみるのはいいのですが、やはりキツすぎるとなったらどうすればいいのか。

当時の私が、飽きずにじっと読んでいられる英文といえば、アルバイトをしていたホテルの部屋のバスタブに貼られたシールのCautionという英語の注意書きくらいのものでした。「お湯はこの線まで」とか「滑りやすいので注意」とか、実際に何が書いてあったかは、まったく忘れてしまいましたが、そのような短いセンテンスなら暗記するまで見ていられたのです（今から思うと、そうした英文も正確なものだったか、あやしいのですが）。

そんな私が積極的に読めるのは、やはり好きな音楽やミュージシャンに関する記事でした。

■ 興味のある記事、理解しなくてはならない文章

米国へ行ってからですが、そうした記事を中心に読む訓練をするようにしてみました。当時はさまざまな種類のフリーペーパーが大学内はもちろん街中の至るところに置かれていて、レコード店などには私の好きなヘビーメタルの専門紙も何種類か置かれていたのです。

インタビュー記事やライブ情報などが満載で、ヘビーメタルファンには実にありがたい情報紙でした。こうした記事の中から、読みたいものを選んで切り取り、ノートに貼りつけて読解したりしたものです。

こうした記事を読むときに、わざわざ単語を書き込んだりせず、流し

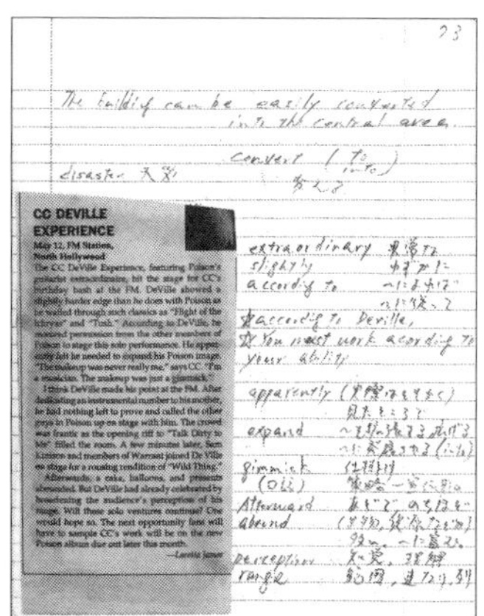

CC DEVILLE EXPERIENCE

May 12, FM Station, North Hollywood

The CC DeVille Experience, featuring Poison's guitarist extraordinaire, hit the stage for CC's birthday bash at the FM. DeVille showed a slightly harder edge than he does with Poison as he walked through such classics as "Flight of the [illegible]" and "Tush." According to DeVille, he received permission from the other members of Poison to stage this solo performance. He apparently felt he needed to expand his Poison image. "The makeup was never really me," says CC. "I'm a musician. The makeup was just a gimmick."

I think DeVille made his point at the FM. After dedicating an instrumental number to his mother, he had nothing left to prove and called the other guys in Poison up on stage with him. The crowd was frantic as the opening riff to "Talk Dirty to Me" filled the room. A few minutes later, Sam Kinison and members of Warrant joined DeVille on stage for a rousing rendition of "Wild Thing."

Afterwards, a cake, balloons, and presents abounded. But DeVille had already celebrated by broadening the audience's perception of his range. Will these solo ventures continue? One would hope so. The next opportunity fans will have to sample CC's work will be on the new Poison album due out later this month.

—[illegible]

愛読していたフリーペーパー（の一例）〔BAM July 14, 1989 #312 (BAM Publications, Inc.)〕

varnish ニス
surface 表面
keep out of ～に近づかない、加わらない
Breathe 呼吸する (bri:ð) breath 呼吸 (息)
(breθ)
vapor 蒸気
direction 方向、監督、指図
allow 許す、認める、見込んでおく、支給する
maximum 最大限
insects 虫
hide 隠れる、隠す
breed (生物)育てる、(虫が)子を生む (bri:d)
expose さらす
utensil 用具 (ju(:)tensəl)
process 過程
equipment 装備
bedding (n) 寝具
extinguish 消す
flame 火、燃え上がる
except ～を除けば
within ～以内
refreshing (adj) すがすがしい
scent (sent) におい
odor におい
last 続く
lasting (adj) 永続する
unpleasant 不愉快な
mildew かび
upright まっすぐな
upward 上方へ

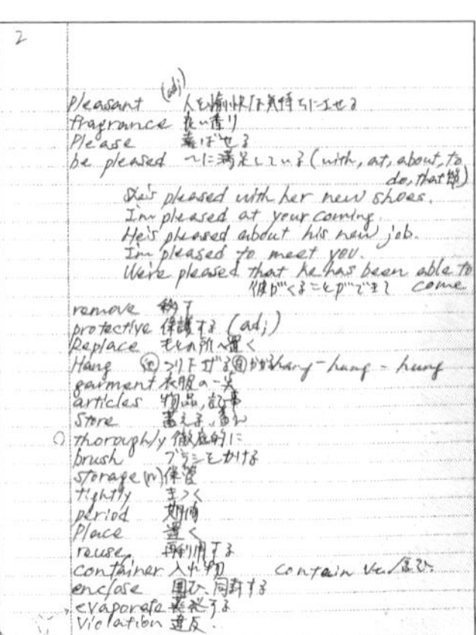
2
Pleasant (adj) 人を愉快な気持ちにさせる
fragrance 良い香り
Please 喜ばせる
be pleased ～に満足している (with, at, about, to do, that節)
She's pleased with her new shoes.
I'm pleased at your coming.
He's pleased about his new job.
I'm pleased to meet you.
We're pleased that he has been able to come
彼がくることができて
remove 除去
protective 保護する (adj)
Replace もとの所へ置く
Hang (他)つり下げる (自)かかる hang - hung - hung
garment 衣服の一点
articles 物品、記事
Store 蓄える、蓄え
thoroughly 徹底的に
brush ブラシをかける
storage (n) 保管
tightly きつく
period 期間
Place 置く
reuse 再利用する
container 入れ物 contain (v) 含む
enclose 囲む、同封する
evaporate 蒸発する
Violation 違反

て読んでいけばいいと言う人もいましたが、私は別にどちらでもいいと思っていました。

ただこうした学習をしてわかるのは、このように線を引いて書き出した単語というのは、そのときは覚えられなくても、時間が経ってから見返すと、不思議とすべて覚えてしまっているもので、根拠はありませんが、それは一度書き出したからと思えるのです。

上のノートは参考までにお見せするものです。

これは当時ホームステイ先で、猫が飼われていたのですが、その猫につくダニに足を食われて困っていた私が、書き出すことになった単語です。

困っていることを家族に相談して、自分の部屋だけダニ用のくん煙剤(えんざい)を炊くことになりました。くん煙剤の使い方を知らなかった私は、取扱説明書を見てみたのですが、これがさっぱり理解できず、辞書を引きながら単語を書き出すことになったのです。

私はこのときも足がかゆくて必死で、家族が全員外出してしまっている時間で、誰にも読んでもらえず、近所のハンバーガー店でこの作業をしたのです。見たことがない単語の意味を1つずつ調べていくのはつらいものがありました。しかし、ギブアップできない状態でしたから、何

とか理解できるまで読んだわけです。

これも不思議なことに、当時はどの単語の意味もわかっていなかったのですが、追ってノートを見開いてみると、やはりすべて「知っている単語」に変わっていたものです。

■ 興味のある短い記事からはじめ、継続する

練習として効果が高いものは、強い関心を持っている分野の短い文章、あるいは必要に迫られて、どうしても読まなくてはならないものです。それでもダニ用のくん煙剤のように、必要に迫られて読むものは、普通はそれほどありませんから、やはり興味のある分野の短い記事を探して読むことになるでしょう。

単語をノートに書き込むのが面倒だったり、机に座らず読むときなどは、流して読んでいけばよいでしょう。

今日は、インターネットからどんな記事でも探せてしまうのですから、その点はうらやましく思います。たとえば好きなミュージシャンの名前を入力するだけで、たくさんの記事が出てくるのですから、その中からまた記事を選ぶこともでき、あまりにも便利です。

記事を読むときは、必ずしも知らない情報を読まなくても大丈夫です。もう知っていることについて記事を読むのは、むしろ理解しやすいものです。たとえば好きな洋画に関する説明を読むのはラクで、よい勉強になるでしょう。

繰り返しになりますが、短い記事（少しの分量の文章）を根気よく読み続けることが大切です。継続していると、これをいつまで続ければよいのかということもわかってきますから、それまではできるだけ読みやすい記事を見つけて、無理なく続けていきましょう。

途中でいきなり難しいものに取り組んで、嫌にならないように注意しましょう。もちろん授業を受けたりして、そうした文章にも取り組まざるを得ないこともあるかもしれませんが、その場合でも簡単な記事を読むのを止めずに、続けていただきたいと思います。

そうすれば、そのうち１冊の本に取り組みたいと思うときが来るでしょう。それをきちんと読んだときには、その経験が大きな自信になります。

先に紹介した『英文対照 朝日新聞 天声人語』を持っていた友人は、ドナルド・トランプ氏の1987年に出版された自叙伝 “Trump: The Art of the Deal” も持っていました。そのときは「まだ読めていない」と話していましたが、当時から不動産王トランプ氏の熱烈なファンだった彼は、その後きっとこの本も読破したのではないかと思っています。

■ 書くときは例文を写すのが基本

こうして文章を読んでおくことは、「書く」ためにも必須のことです。英語の文章を読んだことがないのに、英語で文章を書くというのは、もともと無理があることです。先にも触れましたが、口語をそのまま書く場合は別ですが、そうでなければまずは読むことが必要です。

書くことは、自分で文章を考えるのではなく、例文を写すことで上達するものです。日本語でも、たとえば贈り物をもらって、お礼の手紙を書くのが苦手な人がいます。もっとシンプルであるはずの暑中見舞のハガキさえ、書くのを苦しいと感じる人も少なくありません。

この人たちは、別に日本語がわからないわけではありません、それなのになぜ書くのをそれほどたいへんなことに感じてしまうか。それは自分で文章を考えて作文しようとするからです。

お礼の手紙も、暑中見舞の文章も、お手本になる文章を写して書くのが基本です。例文が載っている本やインターネット上のサイトを見て、その中から適当と思うものを選んで書き写す作業をすればいいのですが、自分で文章を考えてしまい、考えても浮かんでこないと苦しんでいるため、そうした文章を書くのを苦手と感じてしまうのです。

私たちは例文を書き写す作業を何度か繰り返すうちに、文面をある程度覚えてしまい、どんな文章を書くものなのか勘所を押さえることができます。それによって自分流のアレンジもできるようになり、ラクに書けるようになっていくものなのです。

例文を見ないで書く場合、つまりお手本なしの我流で書く場合には、書くのが苦しい状態が続くか、もし苦痛を感じなかったとしても、その文章がお手本と比べてどんな出来ばえなのか、わからないままになってしまいます。

勉強中の外国語については特に、文章（センテンス）は自分で勝手につくるものではなく、読んだものを書くものです。

母語（私たちの多くにとっての日本語）でも同じことですが、必ずしも一度読んでいれば、それをすぐに書けるというわけではありません。しかし読んでおくこと、またはその都度お手本となる文章を参照することが大事なのは、おわかりいただけると思います。

■「文章を書くスキル」について意識を高める

書く力、文章を仕上げる力は、日本と比較して欧米ではスキル、あるいは能力として評価される傾向が強いと思います。

米国の大学では、英語（現地では国語）のエッセイの書き方を学ぶクラスの履修は必須ですし、会社勤めをしていても、ビジネスレターなどの文章を書くことは、必要なスキルとして求められ、それなりの評価をされるのを実感します。

それに比べると、日本では文章を書くのが苦手なら、それは仕方がないとする風潮があるようで、スキルの向上や訓練をきびしく求められるという話は、あまり聞くことがありません。

日本語の文章であれば、前任者が書いていた文面を真似して書き、上司や先輩にチェックしてもらえばよいのでしょうが、これが英文のビジネスレターやEメールになると同じことができず、誰のチェックも入っていない文章を見ることも日常茶飯事です。

お手本さえ見ることなく、読んだこともない英文を自分で考えて書くのは、きびしく言えばかなり不真面目なことで、私が勤めていた米国の会社で同じことをすれば、間違いなく上司のカミナリが落ちるところです。

しかし、どういうわけか日本では、わからないなりに一生懸命書いたというような理由で、許されてしまうことが多くあるように見受けられます。

上司なりがチェックをしようと思っても、上司のスキルも不十分だったり、書かれた文章が部分的な修正などしようもないほどの出来だったり、全体としてスキル不足であることが原因で、簡単に改善できないこともあるでしょう。
そのため、あなたが自分で書いた英文Ｅメールを誰かに手直ししてもらいたいと思っても、助けてくれる人を見つけるのが難しいこともあるかもしれません。
しかしながら、そうした場合でも文章を書くスキルについての意識は高めておきましょう。ビジネスレターというものがあれば、それを上手に書ける人とそうでない人がいること、そのスキルはもう十分と思えるところまで、自分で向上させていく必要があることを認識しましょう。

■ 英文ビジネスレターは、その例文を見て書く

会社員となれば、報告書や企画書など、日々書いて仕上げる文章があります。海外業務にたずさわる人の多くは、英文のビジネスレターやＥメールも書いているはずです。
英文ビジネスレターやＥメールは、国際的なビジネスパーソンを目指す人には必須で、ぜひ身につけるべきスキルです。ここまで読み進めた人は、もうおわかりだと思いますが、英文ビジネスレターやＥメールを書きたい人は、それらのお手本を写して書く必要があり、そうすることが勉強すなわちスキルを向上させる手段になります。
海外業務にたずさわる人の多くが英文レターやＥメールを書いていると述べましたが、その中には、前述のようにお手本を見ないで我流で書いていたり、例文を十分に学ばないまま書いている人も多くいます。

英文ビジネスレターやＥメールの例文集を何冊も手に取って見てみ

ましょう。その中から使いやすいと思うものを選んで、机の上に置き、いつでも参照できるようにしておきます。そうした本には、文章の構成の取り方をはじめとして、さまざまなルールが解説されているのが普通ですから、一度全体に目を通して、必要なときに何度でも参照し直すことをお勧めします。

もしあなたが英文レターやＥメールを上手に書くことができる先輩に出会い、自分の書いた文章を見てくださいとお願いに行ったときには、その先輩の机の上には、必ずその手の本が少なくとも１冊、人によっては何冊も置かれているでしょう。上手に書ける人ほど、熱心に参考になる図書などを参照して、例文をいつでも目の前に持ってこられるようにしているものです。

私も米国の会社に勤めていたときには、レターの書き方について上司からかなりきびしく指導を受けたものです。当時はまだタイプライターで打ったレターやコンピュータからプリントアウトしたレターをファックスで送るのが通信のスタイルでしたが、私がお手本を十分に参照していなかったことは、はじめに注意されたことです。

「ビジネスレターというものがあって、それには書き方というものがある」と指導されたのを覚えています。「友だちに手紙を書いているのと違うんだぞ」とも言われたことがあります。そうしたことから、まるでわかっていなかったわけです。

あまり頻繁に注意を受けるので、嬉しくはなかったのですが、ビジネスレターの例文集を参照しながら、何とかそれらしい文章を仕上げられるようになると、「おっ、だいぶわかってきたな」という感じで評価されていったのを覚えています。

営業を担当していましたから、夕方近くに会社に戻ると、その日に会った顧客に報告のレターを書いたり、見込み客に売り込みのレターを書いたりするのは毎日の仕事でした。

自分でもだいぶ書くことに慣れてきたと感じていた頃、新しく入社してきた社員がいました。私とペアで日々仕事をすることになったのですが、この社員が文章のとても上手なアメリカ人で、何かを書くように頼むと、実に上手い文章ですぐに仕上げてくれるのです。

そのため私は一時期、書く仕事を何でもかんでもその社員に頼んでしまうようになり、そのときには書くことから遠ざかることで、自分の書くスキルが劣っていくのを実感していました。

スキルレベルというのは、ある程度のところまで向上すると、なかなか下がりはしないものですが（第７講「上達の仕方にはパターンがある」参照）、その際には「ああ、やらないとこんなに簡単に腕が落ちてしまうのか」と感じたのを覚えています。私自身にまだ練習が足りない時期だったわけです。

英文を書くのが上手な同僚などがいると、何でも頼んだりできてラクなのですが、自分で勉強しなくなると、こんなことになってしまいます。私もこのときは反省しましたが、まだ勉強が必要と感じているうちは、やはり書く仕事をできるだけ買って出ることをお勧めしたいと思います。

■ 英語は書かせると実力がわかる

私は企業からグローバル人材の研修を請け負い、英語学習の仕方や英文の書き方について指導を依頼されたときには、はじめに受講者の英語力を知るためにテストを行います。

このテストは英作文をしてもらうもので、私からは「自己紹介」「休日の過ごし方」「趣味」などについて、30分か1時間ほど自由に書いてくださいとお願いするだけです。なぜこうした出題をするかと言えば、こうした英文の筆記テストをすると、それぞれの受講者の英語力が一目瞭然にわかるからです。

英語圏に留学していたとか、海外事業部で働いているとか、試験でどんなスコアだったかという情報からは、どのくらいの英語力を持っているのか判断できません。

しかし書いた文章からは、その力がはっきりとわかるのです。文法がわかっているかどうか、単語を知っているかどうか、文章にすべて表れます。海外で長く生活した経験があっても、口語でしか書けない人もいますし、普段から英語でビジネス文章を書いているとわかる人もいます。

コミュニケーション力というのは、英語力とはまた別のものであることも多いのですが、書くスキルから見える英語力というものは、なかなかごまかせるものではないのです。

そのテストを受ける時点では十分なスキルを持っていなくても、学べば上手になるだろうと思える人は多くいますし、講師の私が驚くほど短期間で相当の上達を見せる人もいます。

せっかく英語を熱心に学ぶのであれば、ぜひ書くスキルを磨いて、差をつけていっていただきたいと思います。

本講の Point

◎興味のある分野の短い記事を探して読む。難しいものは嫌になってしまう。

◎書くときは、読んだもの、お手本を参考にして書く。自分で文章をつくろうとせず、例文を写す。

◎周囲と差をつけるには、書くスキルを強化させるとよい。

Exercise
答えのない演習問題

1人または
グループで
考えてみよう

Q. 6-1

英語で記事や読み物を読んでみたことはありますか。もしなければ、どんなものなら読むことができると思いますか。

考える
Hint

学校で指定された英会話や文法の教科書以外で考えてみましょう。読むことができそうなものについては、自分の趣味などと関連させて、たくさん挙げてみましょう。

Q. 6-2

英文で自己紹介をしたり、自分の趣味について書くとしたら、どのくらいの作文ができそうですか。

考える
Hint

自分の力を知るために一度実際に書いてみてもよいでしょう。日本語で書くよりも簡単な表現で書いていけば大丈夫です。同じテーマで上手に書かれた英作文を先にお手本として見ると、書き方のイメージが摑みやすいはずです。

Column

It depends.（時と場合によります）

会話で頻繁に登場する英語表現の１つに
It depends.（時と場合によります）
があります。
（**Depends.** とだけ言うこともあります。）
「それはケースバイケースです」と言っているわけですが、皆が口癖のようにこのフレーズを話します。

たとえば大学の科目の難易度について話していて、**It depends on the professor.** と出てくれば、「教授によって違います」ということですし、キャンパス内の食堂がおいしいかどうかを話していて、**It depends which one you go to.** と聞いたら、「どの食堂に行くかによる」という意味です。

著者が学部生のとき、友人から「どうしてもクラスに行けないので、そのクラスへ行って教授に病気だと伝えてくれ」と頼まれたことがありました。
私は仕方なく教室の前で、顔も知らないその教授を待って、それらしき人が現れたときに、**Are you Professor Burger?**（バーガー教授でしょうか）と尋ねると、教授がニヤッと笑って **It depends.** と答えたのを覚えています。「それは用件によるね」というわけです。

It depends. は便利に使える一方で、そう述べた後の説明がきちんとしていないと、結局何が言いたいのかわからないとなりかねません。返答をする際の決まり文句の１つと捉え、フレーズ自体にあまり意味があるとは考えないほうがいいでしょう。

「日本は物価が高いですか」と聞かれたら、とりあえず **It depends.** と答え、そこから説明するというイメージです。

It depends. と話したら、
Depends on...?（何によるのですか）
と続きを促されるでしょう。

そこから **It depends on ...** というフレーズを使って、説明できるようになりたいところです。

第7講

成功する「効果的な習得方法」③
―― 継続するために知っておきたいこと

英語学習に取り組んでも、途中でギブアップする人や、上達に限界を感じる人は多いものです。英語をモノにできるまで継続するために、知っておくと有益な考え方や学習の仕方を紹介します。

英語学習に取り組む人たちの中には、十分な力を身につけるまで継続できず、学ぶのを止めてしまう人たちも多くいます。本書の読者である「国際的に活躍するビジネスパーソンを目指す人たち」には、仕事に活かすことができる段階、自分自身で十分と思える段階まで、ぜひ学習を続けていただきたいと思います。

途中で上手く学習できていないと感じることがあっても、それは起こり得ることであり、乗り越え方もあることを知っておきましょう。

■ 上達の仕方にはパターンがある

学びはじめたら、日に日に上達を感じ、その状態が続いてくれればよいのですが、なかなかそのようになってくれないのが英語学習です。

言葉を覚えているわけですから、今日学んだ単語やフレーズを今日のうち使うこともできます。毎日そんなふうに練習していれば、少しずつ上達をしていると実感できそうな気がするのではないでしょうか。

上達の仕方のイメージ

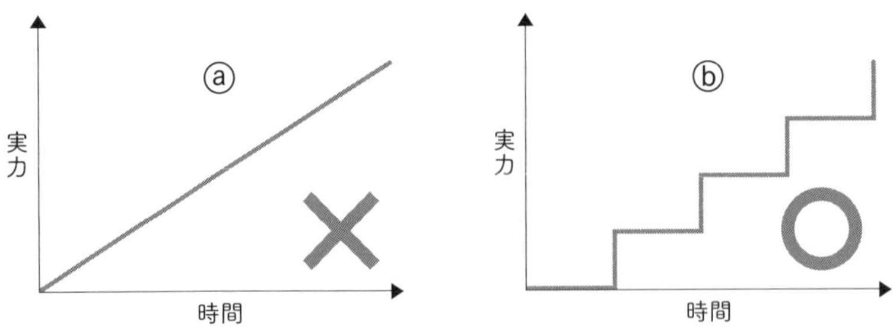

しかしながら、特に英語圏なりで生活をすると感じるのですが、わからないことのほうが多すぎて、毎日勉強しながら多少話せることなどが増えても、自分の実力が上がって、仕事や生活がしやすくなっているとは、なかなか実感できるものではありません。

毎日勉強して、英語で人とも触れ合っているのに、上手になっていると感じられない。これは、英語を身につけようとする多くの人が感じることです。

しかし、その状態で頭を抱えて悩むことがあっても、そのときにはそのまま勉強を続けてください。なぜなら私たちは日々英語を学んでも、もともと上図の ⓐ のようには上達していかないものだからです。その代わり、多くの人が ⓑ の線のイメージのように上達していくと感じます。

ⓑ は、勉強や練習あるいは実践を続けても、なかなか上達を感じられない。それでも続けていると、あるとき以前より上手くなったと感じる（線が上昇する部分）。そうすると、また上達を感じられないときが続き、それでも続けていると、また一段階上達したことを感じる（再び線が上昇する部分）という線を描く上達のイメージです。

上達したと感じたときは、自信を持てるものです。ぜひ皆さんには実感してもらいたい感触です。

著者自身も、留学先で一体いつまで続ければわかるようになるのかと、悩みに悩んだことがありましたし、「何だか最近は以前よりも話が通じるようになった」と感じたこともあったものです。ある程度の満足感を感じるだけで、まだ先は長いと思いながらのことではありましたが、数年間のうちに、何度かそんなことが繰り返しあったのを覚えています。

あるときに上達を感じることは、それだけで嬉しいことなのですが、そこにはもう１つギフトがついてきます。それは一度 ⓑ の線が上昇したときの上達を感じると、そこから実力は下がっていかないことです。

英語学習をまったく止めてしまえば別の話ですが、一度上達すると、しばらく英語を話さない期間があって、すぐに言葉が出てこないようなことがあっても、また少し話していれば、すぐに元に戻ってきます。

たとえばこのところ数ヶ月間、ほとんど英語を話しておらず、感覚が鈍っているような気がしても、久しぶりに海外出張へ行ったら、数日で以前のように話せるという具合です。

逆に言えば、ある段階まで上達したと感じても、またすぐに力が落ちたように感じたら、実はまだそこまで到達していなかったと解釈すべきです。

ⓑ の線のイメージを参考にしてみてください。ⓐ の線のようには上達していないと思えても、それはいわば正常だと考え、学習を続けてみるとよいでしょう。

こんな上達の実感を何度も繰り返すと、それからは勉強をしているという感覚はなくなってきて、何をしていても自然に学んでいる感覚になってきます。誰とどこで会話をしても、テレビや映画を見ても、少しずつわかることや身につくことが増えていく感じがするのです。

■ ラムネ方式で勢いよく栓を開ける

ラムネ方式とは、ラムネの栓を開けるように、一気に英語を学ぶためのきっかけをつくり、学習するための勘所を身につけることです。

私たちは、漠然と試験勉強をしたり、英会話フレーズを覚えようとしても、英語を身につけるために、どんな学びが必要なのか、なかなか捉えられないことが多いものです。

それは英語を使って何かをする環境に身を置くとわかってくるのですが、あまり英語を話す機会もない環境にいる場合には、ラムネの栓を開けるのに、多少の工夫が必要になります。

具体的には英会話のクラブなどがあれば、それに参加するといったことでよいのですが、できることなら英語を日常的に使う環境に、少しの間でいいですから身を置き、英語で何かをしてみると、どんな学びが必要なのかがわかってきます。

著者はラムネ方式を2007年頃から提唱してきましたが[★]、よく勧めるのはフィリピンやシンガポールといった比較的近場で、英語を上手に話す人が多い国へ行き、何かをしてみることです。欧米へ出向くよりも、時間もかからず実行しやすいのではないでしょうか。

「何かをしてみる」というのは、たとえば数日間、料理教室に通ってみるようなことです。現地の人たちに交ざってクラスを受け、実際に料理をしてみます。

料理教室にわざわざ日本からやって来たあなたは人気者です。先生の話にどのくらいついていけるか。おそらくグループになって調理をしますが、上手にコミュニケーションを取れるのか。なかなかよいチャレンジになるのではないでしょうか。

初日よりも2日目、3日目のほうが慣れを感じるかもしれませんし、自分のスキルに欠けている点も具体的に見つけていけるでしょう。たとえば単語が出てこないとか、発音ができず通じにくいといったことです。こうした経験が、私たちに今後どんな学習をしていくべきかを教えてくれます。

ラムネ方式では、このように栓を開けて、英語学習の勘所を捉えますが、同時にいくつか守っていただきたい条件があります。

[★] 月刊誌『日経ものづくり』日経BP社にて担当していた連載記事「英語で伝えるMONO ZUKURI」（2007年10月号）などで紹介。

１つは、海外に出向くような場合には、必ず１人で行くことです。日本人の友人と一緒に行くとか、道中で一緒になった人と行動を共にするようなことはしません。途中で英語のコミュニケーションで困るようなことがあっても、１人で乗り切るように心掛けてください。そうした姿勢が私たちのスキルを向上させてくれます。

１人で行くのが危険な場所へ赴くことや、危ないと思う状況でも１人で行動し続けることなどは決してお勧めしませんが、基本的に１人か、あるいは英語を話す相手としか行動しないようにします。

１人で行うことについては、準備の段階から心掛けてください。航空券やホテルの手配くらいは日本の旅行会社に任せたとしても、料理教室を探したり、そこへ予約を申し入れたりすることについては、インターネットを使って自分でやってみます。場所や現地での移動の仕方についても、すべて自分で調べ、わからないことは宿泊先のホテルで尋ねたりするようにしましょう。

２つ目の条件は、海外に滞在しているときは、日本の誰かと連絡を取ったり、SNS（Social Networking Service: ソーシャル・ネットワーキング・サービス）を見たりしないようにすることです。日本語のニュースも見るのは止めて、現地の新聞を買って見てみましょう。記事が読めなくても、写真や広告を眺めているだけで大丈夫です。

本当に必要な連絡なら別ですが、日本語で誰かと話したりすれば、あなたがせっかく膨らませている風船から、空気が抜けていってしまうと考えてください。すべて英語でこなし切ったときには、それなりの達成感も感じるはずです。

もちろん料理教室でなくても大丈夫ですから、楽しみながらいろいろな経験をして、ラムネの栓を開けましょう。

もう１つ条件があるとすれば、現地で目的を持った行動をすることです。なんとなくブラブラするのではなく、唐突な例のようですが、たとえば「靴を探す旅」をしてみます。１日に何件も靴屋さんを回ってみるのです。店員さんに相談しながら靴を選べる店を探し、こだわりを伝えてみます。何件も訪れているうちに、どんなパターンでどんな会話をするのかもわかってきます。合わせて靴の修理店にも訪れてみてはどうでしょうか。あなたが靴を好きであれば、いろいろと話すことはあるものです。

このような条件を守って、ラムネ方式を実践する機会を探し、これからどんな英語学習をするのがよいのか考えてみることをお勧めします。

■ インテンシブ学習を実践する

インテンシブ（Intensive）とは、「集中的な、徹底的な」という意味を表します。期間を決め、教材を集中的に学び、完全マスターすることで、実力の向上をねらうものです。これは著者が1980年代の後半から実践してきたもので、その後は学習法として紹介してきました[★]。

インテンシブ学習とは、2ヶ月ほど集中して1つの教材を完全にマスターする学習方法です。年に1回（多くても2回）行います。1年の他の期間は、インテンシブ学習で学んだことを実践したり、そこで必要と感じたことを補足的に学習する期間と捉えます。

2ヶ月ほどを目安の期間として、選んだ教材を学びます。たとえば英会話の本を入手して、それに取り組むわけですが、この際、その教材で紹介されている英会話フレーズなりを完璧に話せるようになることを目指します。

2ヶ月の間に、必ずしも1冊の本のすべてをカバーする必要はありません。はじめは2ヶ月もあれば、1冊丸ごと学べそうな分量の教材をお勧めしますが、分量がそれより多い教材でも、期間内に押さえる範囲を決めて取り組めば大丈夫です。

また、たとえば本の1つのセクションの中に紹介されていることを

［★］ インテンシブ学習をはじめて紹介した書籍は、『ものづくりの英語表現』松崎久純（著）三修社2007年　コラム「英会話セラピーその5」にて。その後も月刊誌『日経ものづくり』の連載記事「英語で伝えるMONOZUKURI」（2007年12月号）などで紹介。

すべて学ぼうとしなくても、分量が多すぎると思う場合には、割愛する部分があっても大丈夫です。

私の場合も、各セクションでメインのものとして紹介されているフレーズはすべて覚えるけれども、補足的（おまけのよう）に紹介されているフレーズや、例文に出てこない関連単語の紹介は割愛という自分ルールで取り組んだ教材はいくつかあります。

教材をつくる側になるとわかるのですが、英会話フレーズを紹介する書籍などをつくる際には、著者自身が「こんなにたくさん紹介しても覚えられないだろう」「これでは詰め込みすぎ」と感じていても、市場に出回っている他の書籍に比べて紹介しているフレーズが少ないと見劣りするという理由で、ここまでは必要ないと思えるほどの分量を扱わざるを得ないことはめずらしくありません。

そのため、この辺りについては自分で判断しながら、2ヶ月間無理なく取り組めるようにすることも大切です。

インテンシブ学習をしていない期間は、教材から学んだフレーズなりを使う機会を見つけて実践します。

たとえば、前出のラムネ方式で紹介した海外へ赴く例を実行できれば理想的です。出発までにトラベル英会話をインテンシブ学習すると、ただ何となく海外旅行をするよりも、その旅行が英会話力を高めるよい機会となることは間違いありません。

そして帰国すれば、インテンシブ学習の後の実践から、今後より力を高めるためにすべきことが見えてきていますから、その学習に取り組んでいきます。

インテンシブ学習そのものはもちろん、こうした取り組みをしたことがあるかどうかは、大きな違いを生み出していきます。

■ インテンシブ学習の教材を選ぶ

インテンシブ学習は「聞く」「話す」「読む」「書く」のどれにも使え

ますが、まずは「聞く」「話す」で取り組んでみることをお勧めします。
第５講で説明した通り、「聞く」と「話す」はセットで学びますから、教材は必ず映像または音声付の本などを選ぶようにしましょう。
この際、教材は簡単と思えるくらいのものを選ぶのがコツです。先に説明した通り、割愛する箇所があるにしても、できるだけラクに完全マスターできそうな内容のものを選びます。読んで意味を理解するのもたいへんなものは不向きです。

「話す」については、教材を見なくても同じことを話せるようになることが肝心です。
教材を探すときは、モチベーションが上がっていますから、難しいものを選んでしまいがちですが、ここで難しいものを選ぶと失敗すると考えて、慎重に選んでください。
また、学習を開始してから教材が使いにくいとか、やはり難しいと感じたら、思い切って教材を変えてみましょう。一度決めたら最後まで使うと考える必要はありません。
前項でも触れましたが、２ヶ月間程度のインテンシブ学習をしてから、成果を試す機会を持つと、次に取り組むべき教材もわかってきます。たとえば、話していることは通じたが、聞くほうがわからなかったとなれば、次はリスニングを強化しようと考えることになるかもしれませんし、発音のわるさが原因で通じていないと思えば、次に選ぶ学習教材もそれなりの内容のものになるでしょう。

ここでお話しした通り、はじめは映像や音声付の本などがお勧めですが、シチュエーション・コメディなどの連続ドラマを見ることはもちろん、追って１冊の本を読むことなどをインテンシブ学習としていくこともできます。
インテンシブ学習を取り入れることで、英語学習にメリハリがつくことも利点です。なんとなく教材に取り組んでいるよりも、ここで紹介した設定期間やその後の展開を意識して学習に取り組んでいただきたいと思います。

■ 友だちを選ぶことの大切さ

本講では最後に、英語のようなスキルを身につけたい人たちにとっての、友だちを選ぶことの大切さについて言及しておきたいと思います。

私たちは、できれば同じように英語を学んだり、国際派になるスキルを身につけようとしている人たちと付き合いたいものです。周囲にそうした人が見当たらない場合でも、普段から遊んでばかりいる人たちとは付き合うのは、できるだけ避けたいものです。

社会人でも、仕事がおわってから、お酒を飲みにばかり行っていたり、遊んで過ごすのが好きな人は多くいます。私たちは彼らと付き合っても、プラスになることは得にくいものです。英語でなくても何かを勉強している人や、目指しているものがあって努力している人と付き合うことが大切であるのを、ここであらためて認識していただきたいと思います。

私たちにとっての英語のように、何かを身につけようとしたり、勉強しようとすると、毎日の時間の使い方について考えることになります。

あなたが学生であっても、社会人であっても、1週間のスケジュールを書き出してみて、英語学習にどのくらいの時間を充てられるものか、細切れの時間も含めて算出してみましょう。

それらの貴重な時間をムダな付き合いに使っているわけにはいきません。そうした時間に人付き合いをするなら、自分にプラスの影響なり刺激を与えてくれる人との付き合いでなくてはなりません。

白黒をはっきりつけられるケースばかりではないかもしれませんが、英語を本当に身につけていきたいと考えたら、こうした点についても意識を高めておきましょう。空いている時間はすべて英語学習や国際的に活躍するための準備に費やしたいと考えるなら尚更です。

私自身も、会社勤めをしていた頃は、勤務時間以降には学びたいことがたくさんあり、常に何かに取り組んでいたのですが、飲み会をするのが好きな人たちが周囲に多かったときには、毎回断っているのが実に面倒でした。遊びについては、断り続けていれば誘われなくなりますが、

第３講でも少し触れたように、中には飲み会などに参加しないことを快く思わない人もいて、悪態をつかれ迷惑したこともあります
しかしながら、私の場合で言えば、社会人院生として大学院へ行けば、そこには同じように働きながら学んでいる人たちが多くいて、そうしたストレスはなかったわけです。
もちろん私自身もまったく夜に出歩いたりしないわけではなく、当時も今も親しい友人や、ビジネス上の関係者とは普通に付き合いをしますが、ここでお伝えしたいことの意味はおわかりいただけると思います。

英語学習に取り組み、今以上に熱心になったときに、アフターファイブや週末の過ごし方、細切れの時間の使い方は、どのように変わっていくでしょうか。より充実した時間になれば、それはたいへん嬉しいことです。

本講の Point

◎上達の仕方にはパターンがあるため、知っておいて参考にするとよい。

◎ラムネ方式で、英語学習を効果的にするための勘所を身につけることができる。

◎インテンシブ学習で、集中的に力をつけることができ、その成果を試すことで、その先に必要な学習についても捉えることができる。

Exercise
答えのない演習問題

1人または
グループで
考えてみよう

Q. 7-1

これまで英語スキルの上達を感じたことはありますか。「聞く」「話す」「読む」「書く」のそれぞれについて考えてみましょう。

考える
Hint

上達していると実感した経験があれば、具体的にどんなことを感じたのか述べてください。自分に上達したと実感した経験がなければ、周囲の人のスキルについて、それを感じたことはあったでしょうか。

Q. 7-2

インテンシブ学習のように、教材をマスターしたことはありますか。今後はどんな教材で取り組んでみたいですか。

考える
Hint

ここでは問題集を解いたという手合いのことではなく、フレーズブックをマスターした（する）といった「スキル向上のための訓練」という視点で考えてみてください。

Column

挨拶を交わすときに

私たちは、
How are you?（お元気ですか／いかがお過ごしですか）
といった挨拶を日常的に交わします。

日本語で挨拶するシーンを思い浮かべればわかりますが、こうした挨拶は社交辞令として交わすものですから、本当に相手がどんな調子で過ごしているかを聞いているのではなく、挨拶そのものを交わすことが目的です。

ですから返事も
I'm fine. Thank you.（元気にしています。ありがとう）
How about yourself?（あなたはいかがですか）
というシンプルなものであるのが常識的です。

普段、日本語ではごく普通に挨拶を交わす人も、なぜか英語になると、
How are you doing?（= How are you? と同じ意味：お元気ですか／いかがお過ごしですか）
と聞かれて、
I'm doing well.（元気でやっています）
と答えればいいところで、本当の自分の調子などについて話し出してしまうシーンを見ることがあります。

疲れているとか、忙しいとか、場合によっては、その詳細まで話してしまう人もいるようです。親しい間柄の相手となら、それでよいのでしょうが、ビジネスパーソンとして挨拶を交わすときには、むしろもっと形式的に、さっと済ませるものであることを意識しておきましょう。

はじめて会う相手であれば、
How do you do?（はじめまして）
と述べてから **How are you?** などと話します。

久しぶりに会う人には、
Long time no see.（お久しぶりです）
It has been a long time.（お久しぶりです）
How have you been?（いかがお過ごしでしたか）
といったフレーズを使います。

受け答える側も同じく **Long time no see.** などと返し、**How have you been?** に対しては、
I've been doing good.（元気にやっていました）
と受け答えたりします。
そして **How have you been?** と問い掛けた側が、それに対して
It's good.（いいですね）
などと返すのが、普通の挨拶なのです。

このように形式的かつシンプルでよいのですが、それをビジネスパーソンらしく「しっかりとした声で」「きちんとする」ことが大事です。ビジネス上の知人と会ったときには、これを毎回上手に行うことを意識して、しっかりと挨拶するよう心掛けましょう。

挨拶でよく使うフレーズは他にもいろいろとありますが、ビジネスパーソンとして、できるだけ丁寧な印象を与えるフレーズを選びましょう。
たとえば返事の仕方1つにしても、
I'm OK.（大丈夫です）[★]
Not bad.（わるくありません）

[★] OKは、日本語ではよい意味を表しますが、英語では普通か、大丈夫という程度であると捉えましょう。

というのは、友人同士ならよいのですが、ビジネス上の挨拶では **I'm fine.** など、ポジティブな答え方のほうが無難です。

　また、日本人がよく使うと言われる **so-so** は「まあまあ、よくもわるくもない」と訳されることが多いようですが、普通か、それより少し下の調子を表すというイメージで捉えておき、挨拶では使うのは避けることをお勧めします。

電子辞書やインターネットの活用について

電子辞書もインターネットも英語学習に便利に使えるツールです。どんな活用の仕方があるのか考察してみましょう。これらを上手に使いこなすことで、ラクに効果の高い学習をすることができます。

電子辞書やインターネットは、ぜひ上手に学習に取り入れたいものです。すでに十分に活用している人も、あまり使ったことがない人も、どんな使い方があるのか、ここであらためて考えてみましょう。これらを効果的なツールと思えていない人がいれば、使い方次第で考えが変わるでしょう。

まずは電子辞書について考えていきましょう。

■ 紙の辞書と電子辞書

著者がはじめて電子辞書を使ったのは2004年です。決して電子辞書を手に取るのが早いほうではなかったと思います。この年はじめて本を執筆し、それは英文ビジネスレターとEメールに関する本でしたが、そのときに人から電子辞書を借りて試したのがきっかけで使いはじめました。その後、借りたものよりディスプレイが大きなものを入手したのです。

それまでは1980年代から、ずっと紙の辞書を使っていました。高校生の頃から使っていた何冊かの辞書、その後本当に英語を身につけたいと思い、携帯用に入手したコンパクトな英和・和英辞典、米国の学部生時代に自然人類学の授業で言葉がわからず、ロサンゼルスのリトル・トーキョーで入手した英和医学用語辞典、この他に英英辞典も1、2冊使っていました。

米国から帰国してからは、メーカーの海外事業部に勤めましたが、ここでは毎日英語を扱いましたから、英和と和英の割と分厚い辞書を新しく入手して、会社の自分の机に置いて使っていたのを覚えています。

電子辞書を入手してからは、英和、和英、英英は搭載されていたため、紙の辞書を使う頻度は下がっていきました。同時にインターネット上でもこれらの辞書が便利に使えるようになっていたため、医学用語辞典をごく稀に手にするくらいで、紙の辞書はほとんど使わなくなりました。

電子辞書にもインターネット上で使える辞書にも、単語を読み上げてくれる機能があるのを知ったときには驚きました。2000年代の中頃では当たり前だったのかもしれませんが、私が勉強をはじめた頃には、そんな辞書が登場するのは夢のようなことだったからです。

その後は、私自身の書いた本が、某社の電子辞書に丸ごと搭載されたこともあり[★]、電子辞書を使うことが自分にとって、完全に当たり前のことになっていきました。

このような経緯で十数年もの間、自分の本棚には、使っていないのに愛着があって処分できない辞書の山ができていました。それを2020年になって処分することに決めたのですが、その際にこれらの辞書の中を見て、思わぬ発見をします。

どの辞書も開いてみると、自分の記憶よりも遥かに多くの蛍光マー

[★]『英文ビジネスレター＆Eメールの正しい書き方』松崎久純（著）研究社2004年は、2008年に発売されたキャノンの電子辞書Wordtank V903に搭載された。

カーやボールペンによるチェッキング、そして書き込みなどがあったのです。

それらのチェッキングからは、そのときに覚えてしまおうとして、単語の意味や例文を何度も口にしていたことなどを思い出しました。単語を調べて、以前にもチェックした単語だと気づくことがあったり、たくさんの意味を持つ単語については、書かれていることをじっと眺めていた記憶もよみがえってきました。たとえば英和辞典でgetという単語を見ると、多くの説明が書かれていますが、それに一通り目を通すようなことです。

電子辞書やインターネット上の辞書でも同じことはできるのですが、ディスプレイのサイズが小さい場合には、一度に表示できる文字数に制限があるからか、それをあまり行っていないことに、あらためて気づいたのです。

紙の辞書を使って学んだ世代の人たちの中には、単語の意味や例文を一通り読むことが役立ったと話す人たちが多くいるように思います。もし紙の辞書に縁遠い世代で、それをしたことがない人は、ぜひ試してみてもよいのではないでしょうか。

ディスプレイ上でページを進めたりしなくても、一目で説明されていることのすべてが目に入るのがよいと感じるのは、一部の人たちだけではない気がするのです。

■ できる人ほど辞書をよく引いている

辞書はいつでも身近に置いておき、常に引く習慣を持つことが大切です。文章や映像を見て調べたい言葉があったときはもちろん、知りたい言葉を思いついたときに、辞書を手に取りすぐに調べます。

語学を学んでモノにした人は、誰でもこの習慣を持っていると考えて間違いありません。特に、昔勉強してある程度まで身につけただけでなく、今もよく勉強しているなあと感じる人は、皆よく辞書を引いているものです。

たとえば皆さんは、周囲に人がいるところで、getとかhaveという単語の意味を辞書で引くことをどう思われるでしょうか。もしかすると、こんな基本的な単語について、今更人前で辞書を引くのはみっともないと思うかもしれません。

しかし、私のような経歴の者からすると、若い人たちやまだ勉強中という人たちが、そうした単語について辞書を繰り返し見ていないとすれば、そのほうが疑問です。よく理解して使いこなしたければ、辞書を見すぎということはありませんし、基本的と思える単語こそ、しっかりと理解しておく必要があるのです。

どんな辞書を使ってでもいいですから、一度あらためてじっくり眺めて、そうした学習を習慣とするように心掛けましょう。

現在は、手元にあるスマートフォンで大抵の辞書は見られると思います。細切れの時間には、そうしたハンディな辞書を使って、単語を調べるような取り組みをしてみましょう。

たとえば駅のホームで、目の前の看板が目に入れば、英語で看板は何と言うのか、電灯があれば、それはlightという以外に言い方はあるのか、そういえば改札とは何と言うのかといったことをチェックしていきます。

こうした言葉は、たとえ英語圏で暮らしたとしても、1つずつ誰かが教えてくれるわけではありません。生活をしていれば自然に聞いて覚えられる言葉もあるとは思いますが、結局のところ自分で辞書を引くか、多くの言葉を知らないまま過ごすかのどちらかになっていくものです。

思いつくもの、目に入るものについて、その場ですぐに調べる習慣をぜひ身につけていただきたいと思います。それが時間の経過と共に大きな違いを生み出します。

■ インターネットで見られる映像について

私たちは今日、いつでもインターネットで英語圏のテレビ番組などの映像を見ることができます。

第５講「成功する『効果的な習得方法』① ―― 聞く、話す」で紹介したシチュエーション・コメディの番組も探すことができるでしょう。第５講で述べた「おもしろいと感じ、見続けられるものを探す作業」も、随分としやすくなっているわけです。

これだけ英語圏でつくられた番組や映像を見ることができれば、余程映像が嫌いでなければ、見たいと思う番組を見つけるのは難しくないと思います。シチュエーション・コメディなどのドラマ以外でも、好きなスポーツや自分の趣味に関連するものを探してみてはどうでしょうか。

私も時折、メジャーリーグベースボールのサイトでビデオを見ます。野球の試合では会話はありませんし、私の場合は試合の結果やスコアに関心はないのですが、昔からアナウンサーのしゃべりが好きで、インターネットでは１分から３分程度のビデオを毎回数本見ています。

他にもお気に入りのミュージシャンが登場して、話をするような番組は特別に好きで、ミュージシャン本人がギターを弾きながら曲の解説をしてくれるような番組も、じっくり見入ってしまいます。このように熱中して見られるものは、理解しやすく学習効果が高いものです。

日本にいても見られてありがたいのは、米国の深夜のトーク番組です。私の場合は、ジミー・ファロンというコメディアンが司会を務める「ザ・トゥナイトショー／The Tonight Show Starring Jimmy Fallen」という番組のファンで、YouTube にある番組のチャンネルで見ています。

米国では深夜のトーク番組がいくつもあり、ライバル番組同士がしのぎを削っていますが、そうした番組を平日の夜にチェックするのが、米国で暮らしていた頃のライフスタイルの一部でしたので、懐かしくも感じます。こうした番組からは、現在の米国で流行していることなども見て取れる気がするのです。

米国へ行ったばかりの頃は、トーク番組を見ても、何を話しているのかさっぱりわかりませんでしたが、トーク番組はゲストやコーナーによって、話がわからなくてもおもしろく思えるところがあり、そうしたところを見ながら少しずつ理解できていったように思います。

8

ぜひ根気よく、見たいと思う番組を探していただきたいと思います。

■ 字幕について

映像を見ることについて、「字幕はあったほうがよいか」「字幕をつけるとすれば日本語か英語か」という質問を受けることがあります。インターネットで映像が見つかると言っても、字幕のないものが多いと思われる人もいるかもしれません。これについて少し言及しておきましょう。

上記の質問を受けたときは、聞き取る練習をしたければ、日本語の字幕はないほうがよいが、英語字幕については、ありなしのどちらがよいかわからないと答えます。

なぜわからないかというと、私が映像から話を聞き取る訓練をはじめた頃は、日本で洋画をレンタルして見れば、それはVHSのビデオで、後に出てきたDVDのように字幕ありなしの選択はなく、ましてや字幕を日本語と英語から選択できるといった機能などはなかったため、使ったことがないからです。

VHSのビデオでは日本語字幕は出てくるもので、それを隠したい人は、テレビの下に電話帳を重ねて置くとよいなどと話していた頃の話です。

私が字幕に選択があるのを知ったのは、米国から帰国してからで、そのときにはもう字幕なしでも映画もドラマも理解できました。そのため、見てもわからなかった頃に、英語字幕をつけて映像を見たことがなく、したがって字幕なしで見続けた場合と比較して、どちらが効果的なのかわからないのです。

こうした理由から、両方とも試してくださいとしか答えられないのです。おそらく本当に両方試すのがよいとは思いますが。

私ははじめて英語字幕をつけて映画を見たときには、はじめて眼鏡をして、見づらかった文字にピントが合ったときのような気がしました。それと同時に、これに頼り切っていたら、なしでは見られなくなるとも思え、そうしたところも英語字幕と眼鏡は似ていると感じました。

私自身は、わからないと思いながら、字幕なしで興味のある分野の映像を見てきましたが、何ら根拠は示せないものの、それはよい訓練になっていたと思えています。

昔よりも遥かに便利になっているのは確かですが、字幕にこだわるよりは、むしろ興味のある分野で、字幕なしでもわかりそうな映像をたくさん見ることを勧めておきたいと思います。

■ インターネットで読む、文章を探す

次は読むこと、あるいは、書くために参考にする文章を探すことについて触れたいと思います。言うまでもなくインターネットでは、映像と同じように、英語で書かれた読みものも自由に探すことができます。

第6講「成功する『効果的な習得方法』② —— 読む、書く」で紹介した雑誌記事なども、今日ではいくらでもインターネットで見つけることができます。第6講では、ヘビーメタル専門のフリーペーパーを紹介しましたが、私は現在でも相変わらずのメタルファンですから、米国のメディア発のニュースやインタビュー記事などは、インターネットで今でも日常的に読んでいます。

1980年代の中頃から1990年代の中頃まで、ロサンゼルスにKNACというヘビーメタル専門のラジオ局がありました。その後インターネットラジオとして復活し、日本でも聞けるようになったのですが、このKNACのサイトではニュースやインタビューも読めて、私のようなファンにはたいへんありがたいのです。読みたい記事を無料で読めるのですから重宝します。

皆さんもぜひこうしたお気に入りのサイトを見つけて、読む習慣を身につけてください。長い記事を無理して読まず、短いものを探してラクに続けていくのがコツです。

書くために参考となる文章を見たい人は、いくらでも例文を探すことができるでしょう。たとえば英文ビジネスレターの例文を見たい人は、

英語圏のサイトに行かなくても、日本語のサイトで、それらの例文を探すことができます。

しかしながら英語の場合は、日本語のそれと違い、参照した文章の適切な使い方がわからないこともあります。日本語では、手紙を拝啓で書き出せば、敬具で終了するとわかると思いますが、英文にもそうしたルールは実にたくさんあります。例文を見たときに、そうした細かなルールの説明まであるとは限りませんから、注意が必要になります。

そのため、特にビジネスで使う文章を書きたいときには、まずは書籍などで一通りの注意点を学んでから、インターネットで見つかる例文を使うことをお勧めします。

たとえばEメールに大文字だけでセンテンスを書くのは、怒って大声で叫んでいることを意味することがあるのですが、そうとは知らずそんな書き方をしていたといった話をよく聞きます。こうした点を十分に気をつけたいものです。

■ インターネットでの学習で留意したいこと

インターネットの使用には、ここまで述べてきたような利点がありますが、インターネットで見つかる教材や、教材となり得る映像や文章は、本書の

第5講 「成功する『効果的な習得方法』①―― 聞く、話す」
第6講 「成功する『効果的な習得方法』②―― 読む、書く」
第7講 「成功する『効果的な習得方法』③―― 継続するために知っておきたいこと」

に述べられた原則を知って、その上で活用するものだと考えてください。便利に使えるものは多いのですが、インターネット上に特別な習得のノウハウがあるわけではありません。

著者自身もこれまでにEラーニング教材を作成する手伝いをしたことがあります。2006年にさかのぼりますが、某社さんからの依頼で、英文ビジネスEメールの書き方を学ぶ教材の英文、和訳、解説を作成

しました。

これもつくる側になるとわかるのですが、Ｅラーニングの教材の内容は、紙の本に書かれていることと同じです。それを工夫して上手に見せるのがＥラーニング教材を製作する会社の役割なのですが、そこに紙の教材と違う学習の仕方があるわけではありません。

紙の教材を使うのも、インターネット上の教材を使うのも、効果的な習得方法の原則は変わらないことを認識しておくとよいでしょう。

本講の
Point

◎便利な辞書を手元に置いて、いつでも意味を調べるのを習慣にしたい。

◎第５講～第７講の原則を踏まえた上で、インターネットを便利に活用したい。

Exercise
答えのない演習問題

1人または
グループで
考えてみよう

Q. 8-1

英和、和英などの辞書はどのくらいの頻度で使用していますか。スマートフォンなどを使って、いつでも利用できるようにしていますか。

考える Hint

辞書を引くことが習慣となっているかどうかという視点で考えてみてください。

Q. 8-2

インターネットを使って、英語で放送される番組を見たり、英語で書かれた記事を読むことはありますか。もしなければ、どんな番組や記事を見てみたいですか。

考える Hint

これまで探したことがなければ、早速探してみましょう。グループで話し合っている場合は、それぞれどんなものが見つかったか話し合ってみましょう。

Column

自分の名前を伝えるときに

英語で自分の名前を名乗るときは、ファーストネームを名乗るか、ファーストネーム、ラストネームの順で名乗るものです。したがって、自己紹介で **My name is ...** と言うときには、（たとえば著者の名前であれば）**My name is Hisazumi.** か **My name is Hisazumi Matsuzaki.** となります。

著者が学生時代から過ごした米国では、自己紹介でファーストネームを名乗るのは、ごく普通のことで、誰もがそうしていたと思いますし、その後欧州やアジアで数多くの国を訪れましたが、どこへ行っても「英語で名前を言うときは、まずはファーストネームで」が普通でした。これは英語を学びはじめて、おそらく一番はじめに教わったことだと思います。

しかしながら、時折、英語圏でなく主にアジアで仕事をしている日本人のビジネスパーソンが **My name is** の後に、ラストネームを言うのを聞くことがあります。**My name is Suzuki.** という具合です。

私の感覚では、**My name is Suzuki.** と言ってもいいのは、たとえば自動車メーカーのスズキ株式会社の創業家の家系の方々くらいで、そうでなければ普通はファーストネームを名乗るか、ファーストネーム、ラストネームの順で述べるものです。

日本語の自己紹介では、英語圏の人たちがファーストネームを名乗る感覚でラストネームを名乗りますから、**My name is Suzuki.** という人たちは、それをそのまま英語でもしているように見えます。

鈴木さんくらい世界中よく知られた苗字であれば、どんな人でもそれがファーストネームでないと気づくと思いますが、他の苗字、たとえば私が **My name is Matsuzaki.** と言ってしまえば、それを聞いた人は **Matsuzaki** をファーストネームと思ってしまうでしょう。こうした経緯で、勘違いされたまま名前を覚えられている人も結構いるように見えます。

私たちは My name is の後にファーストネームを述べますが、ビジネスで関係をつくり上げていく相手に対しては、必ずしも本当の名前を伝える必要はありません。著者の名前の Hisazumi にしても、そう伝えて、すぐに覚えてくれる人は日本人以外でいるものではありません。

そのため私の場合は、英語の名前は Sammy としています。ビジネスパーソンとして名前を覚えてもらわないといけませから、日本人にしかわからない名前で押し通すのは、少なからず無理があるからです。

世界中の誰もが知っている日本人のファーストネームといえば、オノ・ヨーコさんの Yoko さんというお名前でしょう。Yoko さんというファーストネームなら英語の名前は必要ないはずです。

しかし、もし私に外国人の知らないファーストネームの部下がいて、国際業務を一緒にしていれば、その部下には英語のファーストネームを考えるよう提案するでしょう。名前がシンプルに伝わらない不便さは、体験すればわかることですから、おそらく何も言わなくても、部下が自分でそうするとは思いますが。

私が 10 代で日本の英会話学校に通っていた頃、よくクラスで一緒になっていた年上の方で、陽太郎さんという方がいらっしゃったのですが、外国人の先生たちから Yotaro（与太郎）という発音で呼ばれ困っておられました。当時、英会話学校では英語の名前をつけるという雰囲気ではありませんでしたから、気の毒だったことを今でも思い出します。

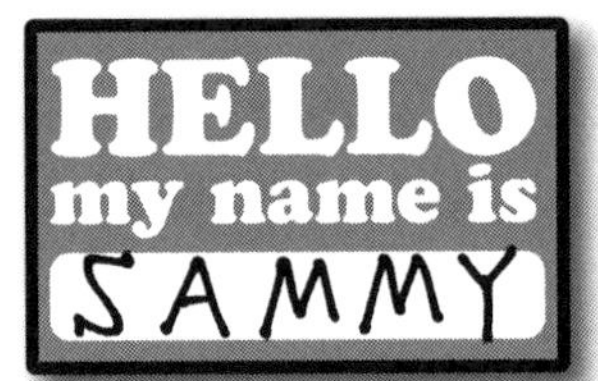

第9講

どんなフレーズからマスターしていけばいいのか
―― 覚えるべき「簡単なフレーズ」とは

簡単なフレーズから覚えていきましょう。「簡単なフレーズ」とはどんなものなのか、サンプルを見ていきます。まずは本講で紹介しているフレーズ（センテンス）をモノにしましょう。正確にきちんと話せることが大切です。

英会話フレーズなら、どんなフレーズを覚えても役立ちそうに思えますが、即効性も汎用性もあってお勧めしたいものもあれば、こんなに難しいものに取り組んでも続かないのではと思えるものもあります。

お勧めしたいのは、一言でいえば「簡単なフレーズ」ですが、そう言うだけでは見当がつきにくいと思いますから、その特徴をお話ししていきましょう。

■ 覚えるべき会話フレーズの特徴

本講では、（文章ではなく）会話フレーズに限定して、入門者や初級者の方、または経験はあっても、なかなか上達を実感できない方を念頭にお話ししていきます。

以下は、覚えるべき会話フレーズの大まかな特徴です。

- 短かいもの
- 会話で実際によく使うもの

・Q&A（Question and Answer: 質問とその答え）になっているもの

これらのフレーズ（あるいはセンテンス）を
・詰め込みすぎず
・少しの量でよいので確実に
マスターしていくことが大切です。

フレーズとセンテンスという言葉の意味ですが、Have a nice day.（よい一日を）は、フレーズであり、センテンスでもあります。別の例では、たとえばHave you got ...? がフレーズであれば、Have you got time?（時間はありますか）やHave you got any change?（小銭を持っていますか）がセンテンスであると捉えてください。

難しいものは、すぐに嫌になってしまいます。学習するためのテキストを選ぶときなどは、モチベーションが上がっていることが多いため、やたらと難しいものを選んでしまうことがありますから、気をつけるとよいでしょう。

本講で紹介するフレーズを選ぶにあたり、私自身も10代の頃から学んだフレーズなどを書いたノートを何冊も見返しましたが、そこにあるすべてのフレーズが紹介するのに相応しいと思えたわけではありませんでした。見返したノートの中から、即効性があり、汎用性もあったものだけを厳選して紹介します。

なお、ここではあくまでも「こんなフレーズを覚えるべき」というサンプルを紹介するのが目的ですので、他のフレーズブックなども大いに活用し、似たようなフレーズを数多く学んでいただきたいと思います。

本講で紹介するフレーズはやさしいものばかりですが、読んで理解できるかどうかではなく、見なくても同じことを即座に口にして、話を通じさせることを目標に練習してください。

本講のフレーズをやさしいと感じられない場合には、その時点では、これらのフレーズよりも難しいものには取り組まないようにしてください。まずはこの程度の難易度のフレーズをしっかりマスターしたいところです。

■ 正確に話せるだろうか

それでは、まずこれらのセンテンスから見てみましょう。

She is a woman.（彼女は女性です）
She is kind.（彼女はやさしいです）
↓
She is a kind woman.（彼女はやさしい女性です）

It's a jacket.（それはジャケットです）
It's old.（それは古いです）
↓
It's an old jacket.（それは古いジャケットです）

とても簡単に見えるのではないかと思いますが、こうしたセンテンスを正確に話せることが大切です。

これらのセンテンスでwomanやjacketの前のaやan（冠詞）を忘れてしまったり、She is a woman.とは言うことができるのに、そこに形容詞（kind）が入ると冠詞を忘れてしまったりすることが、入門者や初級者にはよくあります。

以下は、複数形を表す例です。
They are bottles.（それらはボトルです）
They are empty.（それらは空です）
↓

They are empty battles.（それらは空のボトルです）

次にこれらを見てみましょう。

Whose bag is this?（これは誰の鞄ですか）
It's Alan's bag.（それはアランの鞄です）

Whose books are they?（それらは誰の本ですか）
They are Cindy's books.（それらはシンディーの本です）

これらも実に簡単なセンテンスに思えるかもしれませんが、いずれも人が大勢いる場所で「実際に持ち主を探す」ことを想定して、大きな声ではっきりと話すことを意識します。

「〜ですね」「〜ではありませんね」という表現です。

She is your girlfriend, isn't she?（彼女は君のガールフレンドですよね）
Yes, she is.
No, she isn't.

They aren't your computers, are they?（それらは君のコンピュータではありませんよね）
Yes, they are.
No, they are not.

これらのフレーズでは、Yes. No. による受け答えも、きちんとできるようにしておきましょう。

ここまでをご覧になり、あまりに簡単と思われた方々もいらっしゃると思いますが、「ぜんぜん英会話ができない」と言う人たちは、このくらいの会話ができないわけです。一方で、このくらいのフレーズ（センテンス）で意思疎通できる人たちは、「ぜんぜんできない」とまでは感じないはずです。

したがって、こうした短いフレーズ（センテンス）は実はとても大事で、自信を持って話せるよう練習しておきたいものなのです。

ここで紹介したセンテンス（＝お手本）である程度の練習をしたら、次は同じフレーズを使って、単語を変えて、自分でセンテンスをつくって話してみましょう。

■ きっと「知っておいてよかった」と思うフレーズ

ここからは、著者自身が10代の頃から英会話を学びはじめて、渡米してから、覚えておいてよかったと感じたフレーズを紹介します。

これらはわかっていないと、勉強していないと悟られてしまうものばかりでもあります。

Don't talk.
Stop talking.
いずれも「話すのをやめなさい」と促すセンテンスですが、Don't に続くのは talk で、Stop に続くのは talking です。

したがって「タバコを吸うのをやめなさい」と言うのは、
Don't smoke.
であり、
Stop smoking.
です。

上の2つがわかれば、もっと長いセンテンスもつくっていけるはずです。たとえば、
Please don't smoke in this room.（この部屋でタバコを吸わないでください）

Please stop smoking now.（今すぐタバコを吸うのを止めてください）
自分でもセンテンスを考えてみましょう。

次は、頻度を尋ねる表現です。これらは生活でも仕事でも、まさに頻繁に使うフレーズです。

How often do you come here?（どのくらいの頻度でここに来ますか）
How many times a week do you go to the sports gym?（スポーツジムには週に何度行きますか）

こうした質問をされたときにも、以下を参考にして、きちんと答えられるようにしておきましょう。
I come here often.（よく来ます）
I don't come here very often.（それほど来るわけではありません）
I go to the gym only two days a week.（ジムには週に２日だけ行きます）
I go to the gym almost everyday.（ジムにはほとんど毎日行きます）

■ きっと頻繁に使う表現

「どうやって行きますか」と尋ねる表現です。

Does she go to work by bus or subway?（彼女はバスで仕事に行きますか、それとも地下鉄ですか）
How do you go to work?（あなたはどうやって仕事に行きますか）

これらに対しても、きちんと答えられるようにしておきましょう。
She goes to work by subway.（彼女は地下鉄で仕事に行きます）
I go to work by car.（私は車で仕事に行きます）

もし By subway.（バスで）とだけ答えたり、By car.（車で）と言うだけであれば、丁寧な答え方とはなっていません。きちんとセンテンスで答えられることが大切です。

「どちらがいいですか」と尋ねる表現です。prefer は「（むしろ）～を好む」という意味です。

Which do you prefer, beer or wine?（ビールとワインと、どちらがいいですか）
　　I prefer wine.（ワインがいいです）

Who do you prefer?（誰がいいと思いますか）
　　I prefer Mr. Suga.（菅さんがいいと思います）

What do you prefer?（何がいいですか）
　　I prefer fruits.（フルーツがいいです）
　　I prefer dance music to quiet music.（静かな音楽より、ダンスミュージックが好きです）

このくらい練習をしておくと、会話の役に立つはずです。prefer と like の違いについては、prefer には「何かと比較してこちらのほうが好き」というニュアンスがあると覚えておきましょう。

次は、時間を表す表現です。

次の２つは、どちらも「今は５時 20 分です」という表現です。
It's five o'clock twenty minutes now.
It's five twenty now.

次の２つは、どちらも「午後３時です」という表現です。

It's three o'clock in the afternoon.
It's three in the afternoon.

以下の表現は、はじめはわかりにくいかもしれませんが、実際に会話をしていると自然に使えるようになってきます。

It's quarter past two.（2時15分です）
quarterが4分の1で「15分」を意味し、
past twoが「2時を過ぎて」を表しています。

It's half past four.（4時30分です）
halfが半分で「30分」を意味し、
past fourが「4時を過ぎて」を表しています。

It's quarter to six.（5時45分です）
quarterが4分の1で「15分」を意味し、
to sixが「6時まで（に）」という意味を表しています。

会話フレーズとして見てみましょう。
Could you tell me the time, please?（時間を教えていただけますか）
Yes, it's ten to nine.（はい、8時50分です）
▸「9時まで10分」と述べています。
Thank you.（ありがとう）
You are welcome.（どういたしまして）

What time did you leave the office today?（今日は何時にオフィスを出ましたか）
I left the office at quarter past six this evening.（今晩は6時15分にオフィスを出ました）
▸「6時を過ぎて15分」と述べています。

■道を尋ねる／道案内をする

「道を尋ねる」「道案内をする」ためのフレーズは、英会話を学習する際の定番といえるものです。ぜひさまざまなシチュエーションを想定して、練習してみてください。

Could you tell me how to get to ABC bookstore, please?（ABC書店までの行き方を教えていただけますか）

似た表現をもう1つ覚えておきましょう。
Could you tell me the way to New Town coffee shop, please?（ニュータウンコーヒー店までの行き方を教えていただけますか）

こうした問いに答えるのに、どうしても覚えておきたいのは、
go straight（まっすぐ進む）
turn right（右に曲がる）
turn left（左に曲がる）
along the road（道に沿って）
follow the road（道をたどる、道なりに進む）
across the road（道を横切って）
などの表現です。

センテンスにしたものを見てみましょう。
Go straight along the street and turn right at the second corner.（通りに沿ってまっすぐ進み、2つ目のコーナーで右に曲がる）
Go straight down the road here, and then turn left at the first signal.（この道をまっすぐ下り、最初の信号を左に曲がる）

続いて、「（そこで）見つかります」という表現です。
Then, you will find the bookstore.（すると、その書店が見つかります）

You will see the coffee shop on your left.（左手にそのコーヒーショップが見えます）
You won't (can't) miss it.（見逃しませんよ＝きっとわかります）

本講のはじめにもお伝えした通り、難しい（と感じる）フレーズで練習していると、嫌になって長続きしないものです。

本講で紹介してきた程度の長さ、難易度のフレーズを使えるようになれば、自然にもっと長いもの（単語数の多いものなど）も使えるようになってきますから、無理せず取り組んでいきましょう。

もしあなたが、実際に英語を話せるかどうかは気にせず、試験の点数を上げることだけを考えているなら、ここに登場するフレーズを実際に使えるかどうかは気にせず、もっと難しいものを読解していればいいでしょう。しかし、これから本当に英語を身につけ、仕事をしていきたいとなれば、ここで紹介している基本的なフレーズを身につける以上に大事なことはないと覚えておきましょう。

本講の Point

◎短かく、簡単と思える程度のフレーズを身につけることが大切である。

◎「質問とその答え」になっている会話フレーズ（センテンス）を学ぶと効果的である。

◎難しいものは、嫌になって当たり前なので、無理して取り組むべきではない。

Exercise

答えのない演習問題

Q. 9-1

あなたがこれまで行ってきた英会話学習は、継続しやすく、基礎的な力が身につくものでしたか。

考える Hint

継続できなかったり、効果を感じなかったとすれば、取り組んだ教材が難しすぎたのかもしれません。その点を振り返って考えてみましょう。

Q. 9-2

本講で紹介されているフレーズ（センテンス）を（見ることなく）使いこなせますか。

考える Hint

読んで理解できるかどうかではなく、見なくても話せるかどうかを考えてみましょう。

Column

「しまった。一言フォローを入れたい」と思ったときのフレーズ

英語圏で生活していると
I didn't meant to ...（……のつもりではなかった）
というフレーズをよく耳にすると思います。

たとえば、意図せず大きな音を立ててドアを閉めてしまい、
Sorry, I didn't mean to slam the door.（すみません、ドアを叩きつけるつもりはありませんでした）
というふうに使われます。（slamは「ドアや窓をバタンと閉める」ことを意味します。）
I didn't mean to hurt you. と言えば、「君（の気持ち）を傷つけるつもりはなかった」という意味で、歌の歌詞によく出てきそうな表現です。

I didn't meant to ... は、謝るときなどに使いやすいフレーズですから覚えておくと便利です。

もちろん
I don't mean to ...（……のつもりではない）
として使うこともできます。

I don't mean to interrupt, but... と話せば、「邪魔をするつもりはないのですが……」となりますし、**I don't mean to say anything bad about them.** と言えば「彼らのことを何もわるく言うつもりはありません」となります。誤解を及ぼさないよう一言述べたいときに便利でしょう。

自分がこのように言われた場合で、「別に大丈夫ですよ」と言いたいときは
It's OK. Don't worry about it.（大丈夫です。心配しないで）
I know you don't (didn't).（そうでないとわかっています）
などと答えればよいでしょう。

第10講

留学先／赴任先で待っている事柄 ①
―― 文化、風習の違いを感じることについて

海外へ出向いて、多くの人が体験する文化、風習面での戸惑いについてお話しします。日本では当たり前のことが、現地へ行くとそうではない ―― そこからは不安、心配、怒りなど、ネガティブな感情を抱くこともあるかもしれません。国際的なビジネスパーソンとして活躍したい人は、そうした体験も積み重ねることになるでしょう。

異なる文化や風習の中で戸惑いを感じることは、海外で生活をしたり、仕事をしたりすればついて回るものです。英語を習得するために語学留学をするときや、海外の大学で学んだりするときも同様です。

もちろん異文化下で楽しい経験をすることは多いのですが、ここでは困った例だけを見ていきます。

こんな体験や戸惑いは、海外に赴けば普通にあるかもしれないことと考えて、参考にしてください。同じようなことが起きても、上手に折り合いをつけていきたいものです。

■「あれっ」と思うことばかりが続く

私が留学生として米国へ行った当初は、言葉がわからなかったために、思うように周囲とコミュニケーションが取れませんでした。もっと聞けて、もっと話せたら、戸惑うことも少なかったと思いますが、言葉がわからないこととは別に、「あれっ、これはちょっと……」と感じること

は、留学生として米国へ行った当初から、学部を卒業して現地で就職し、退職して帰国するまでの9年ほどの間に、数限りなくあったものです。

米国の地を踏んだのはそのときが2回目でしたが、留学生としてロサンゼルスへ到着したその日から、釈然としないことは起こり続けました。

午前中にロサンゼルスの空港から大学のキャンパスへ着くまではよかったのですが、留学生用のスチューデント・オフィスというところで、早速「あれっ」と思うことが起きます。

私は到着した当日から、スチューデント・オフィスの案内でホームステイ先へ行き、そこで世話になることになっていましたから、手配が整っているものと思っていました。しかし、着いたら教えてもらえると聞いていた家族情報や、その家族が何時に迎えに来てくれるのかといったことが、私がスチューデント・オフィスに着いても「まだわからない」と言うのです。

私と同じようにその日に海外から到着し、ホームステイ先の紹介を受けるために同じオフィスを訪れている人は、他にも何人かいるのですが、その人たちも待たされたままです。

どうやら留学生を受け入れる家族の人たちは、昼間働いているので夕方のピックアップになりそうだとか、今日は来られるかわからないようだとか、当てにならない情報が行き交うのですが、そのオフィスの仕事ぶりが実に頼りないのです。

この「オフィスが頼りない」というのも、後になってわかってきたことで、留学生たちは一体何がどうなっているのかわからない状態で、半日ほどほったらかしにされているのです。

留学生の中には寮に入る人も多く、そちらの手続きはスムーズなようなのですが、私は夕方になっても、誰が迎えに来てくれるのかさえわかりません。

そのうち、オフィスのスタッフだという人が、「君のステイ先は今日決まらないから、ホテルに泊まってくれないか」と言いに来ました。ホテルは予約してくれて、車で送ってくれるとのこと。そして明日はタクシーでここに来てくれと言います。

私は言われるがまま承知することしかできず、その通りにしました。その後の自分であれば、こんな事態が起きてしまえば「しょうがないですねえ。しっかりしてもらわないと困りますよ」という態度を取りつつ、仕方なくしたがう様子を見せると思いますが、そのときの私は「自分のためにそこまでしてもらってすみません」という姿勢です。

そして翌日、オフィスに戻った私は、ホテル代とタクシー代は、オフィスが負担してくれるものと思っていたため領収書を出したのですが、それはオフィスが負担するものではないと言われてしまいました。

結局その費用は自分で負担することになりましたが、お金にこだわっているわけではないものの、現在でも私はこんなのはおかしな話だと思っています。

■ 説明が理解できないので、余計に「あれっ」と思う

それから昨日と同じように、来るのかわからないホームステイ先のピックアップを待っていた私のところに、昨日ホテルまで車で送ってくれたオフィスのスタッフが来て、言いました。

「もしよかったら、自分の家に来ませんか」私はしばらく何を言われているのかわかりませんでした。ホームステイを希望する留学生を受け入れる家族を待っているのに、オフィスのスタッフが自分の家にステイしないかと言うとは見当もつかなかったのです。

家の場所がキャンパスからどのくらいの距離とか、通学の仕方や家族構成などを話してくれるのですが、このとき私はほとんど何も理解できていません。何しろ、そんなに英語がわかっていないのですから。

それでも私は「お願いします」と答えています。なぜかというと、もう来るのか来ないのかわからない迎えを待つのも嫌になっていたからです。

そしてスタッフの仕事がおわる夕方まで待って、家へ連れて帰ってもらいました。思いもしない展開だったのですが、とりあえず自分が住まわせてもらうことになった部屋に着いたのです。

そして、どのタイミングだったかは思い出せないのですが、このステ

イに食事はついていないと知らされました。したがって外食か自炊をすることになりそうで、家の大きな冷蔵庫の1段分を空っぽにして、これが君の段だから自由に使ってくれとなったのでした。

私はホームステイとなれば、食事はついていると考えていましたから、少し困ったことになったと思ったのを覚えています。

その家は、両親と私と同年輩の子供2人が一緒に住んでいました。2人の子供のうち1人が、前日から私を世話してくれている人で、私より3つほど年上で、大学に通いながらスチューデント・オフィスでアルバイトをしているということでした。こういうことも何度か説明されて、ようやく何となくわかってきます。

どうやら子供は他にもいるが、家から出ているということも、これはホームステイというよりはただの間借りということも、この家に居続けることもできるが、他が見つかればそこへ移っても構わないと説明を受けていたことも、すべて後になってわかってきます。しかしこの時点では、私は何も理解していなかったのです。

後になってわかることは多く、食事まで提供してくれるホームステイ先というのは、高校生くらいまでの交換留学生としてなら見つけられたかもしれませんが、ロサンゼルスで大学生となる私が見つけるのは、おそらくはじめから難しいことなのでした。また、お世話になっていた家は、家族の生活の時間帯がバラバラで、もともと普段は皆が揃って食事をする習慣がなかったのです。

結果として、いろいろと不便はあったものの、私は当時日本人の語学留学生だらけだった寮に入らず、この家にお世話になったことで、アメリカ人の生活を見ながら、英語の中での生活をすることができたのです。

■こちらの期待と違うことが連続する

間借りしているだけと言えばそうなのですが、同居している子供たちは似たような年齢ですから、自然と仲よくなり、よそよそしい感じはまったくありません。両親もフレンドリーです。

しかし、全体的にドライというか、英語がわからない留学生の私に世話を焼いてくれる感じかというと、そうではないのです。

たとえば通学のためのバスの乗り方にしても、私が留学生を迎え入れる側であれば、少なくともバス停まで一緒についていき、どのバスに乗るのかを説明するか、おそらく一度くらいは一緒にバスに乗って大学までの道のりを教えると思いますが、そうした配慮はまったくありません。「大学へ行くには、さっき通った道のバス停から、○番か○番のバスに乗れば大丈夫」と言うだけで、あまり丁寧でも親切でもないのです。しかし同時に、彼らに悪気があるわけでないこともわかります。

こんなものかと納得しようとしますが、時間の経過と共に、この家族は誰に対しても、自分の家族の人に対してさえ、普段からこんな感じだとわかってきます。

あるとき、車で2、3時間のところにある大学に通っている次男が帰省してきていました。しばらく実家に滞在し、また大学の寮へ戻るとなったときですが、大学のある街まで電車で帰ると言います。

カリフォルニアの郊外を走る電車は本数も少なく便利とは言えません。駅に着いても、そこからがまた不便なわけです。

私は家族の人たちが皆それぞれ車を持っているのに、なぜ誰も次男を車で送ろうとしないのか不思議でした、そのためその頃は自分の車を運転するようになっていた私が大学の寮まで送ると申し出ると、たいへん喜んでくれました。

私は漠然と、次男はガソリン代くらいは払うつもりかと思っていましたが、そうした考えはないようで、両親からもお礼は言われたものの、そういった心配はありませんでした。

一般的に、日本人は思っていることを口にしないとか、こうした場面で「ガソリン代は払ってほしい」と話すのが米国流のコミュニケーションの仕方などと言われていましたが、こんなとき私はいつも、そう言われないと気を回せないものなのかと思っていました。

このように「これはちょっとなぁ」と思うことは次から次へと起こりましたが、小さなことと言えばそうですし、私はこうしたことを人に話すことはありませんでした。

一度、私宛に交通違反の切符が送付されてきたことがありました。不思議に思ったのは、それに罰金の納付期限を過ぎても納付されなかったと記載があり、追徴金が上乗せされた形で切符が届いていたことです。

私は交通違反をしたことはあったものの、それまでに一度も切符の送付は受けていなかったのでおかしいと思い、家族に話してみると、いつも父親が座っている新聞や郵便物がぐちゃぐちゃに散乱しているテーブルの上に、はじめに送付された切符が見つかったのです。

それを見つけた父親は、その時点で私が陥っているトラブルを知っているわけですが、ここにあったと言って私にそれを渡すだけで、それ以上何も言おうとしなかったのです。このことで、私は強い不信感を持ってしまいました。

こんな状況で謝りもせず、知らん顔で通そうとする人の表情を見て、情けない気持ちになったのです。

言葉もよくわからない留学生が、間借りした家で、郵便物をきちんと渡してもらえなかったことから追徴金を請求される事態となっている。そして、その郵便物は自分の散らかったテーブルの上に何週間も放置されていたことがわかった。

日本人であれば、申し訳なかったと謝った上で、発生してしまった追徴金などは自分が負担すると申し出てもおかしくないように思えます。

しかし、このときすでに私は、米国にはこういう場面で決して非を認めない人が多くいるのを知っていました。これは私が米国で最も嫌いな点の１つです。

この父親も、何を言っても、おそらく言い訳を並べて正当化する人に思えましたし、このときにはすでに親しくなっていた子供たちの父親ですから、言い争いはしたくありません。

日頃からお世話になっている家の中でのことでもあったため。このことも私は誰にも話すことがありませんでした。

人に話せば愚痴(ぐち)になってしまうような、うじうじした話です。こんなことが生活の中で、時折起こってしまうのでした。

■ 日本人ばかりのところで、いかに日本語を避けて生活するか

私が留学生として米国へ行った80年代の後半は、日本からいわゆる語学留学をする人が多く、どこへ行っても日本人だらけという状態でした。米国への語学留学というと、英語をしっかり学ぶための留学というイメージもあるかもしれませんが、当時はどう見てもしっかり学習というよりは、遊びに来ている雰囲気の人たちが多くいました。

そうなると大学の学部に入る前に通った大学付属の英語学習コースにも、そうした人たちが多いために、レベルもそれなりのものになってしまっていました。米国で英会話の授業を受けているのに、その中で平気で日本語を話すだけでなく、日本語で関係のない私語をするような人たちまでいて、そういう人たちと付き合わないようにすることが大事なテーマになってしまうのです。

私の場合は、前述の通り、ステイ先に帰ればアメリカ人の家庭の中ですから、日本語を話すことはないのですが、寮に入っている人たちを見ると、日本人同士がルームメイトになっていることもめずらしくなく、せっかく米国にいるのにと思えてしまうことがたくさんありました。

外部の人も利用できるカフェテリアのある寮で食事を採っていると、やはり日本人が周りに座って日本語で話してきますし、授業の前後にも、「ここは日本人が多すぎるよね」と日本語で話しかけてきて、自分のことを話し続けるような人もいるわけです。

英語がよくわからないと友だちもできにくく、そうすると寂しくて、日本語でもいいから話がしたくなってしまうものです。

日本で大学に通っている日本人学生で、キャンパスで言葉がわからない外国人学生が寂しそうにしているからと、自分から話しかけて付き合いをはじめる人がどのくらいいるでしょうか。その相手に異性としての魅力を感じているようなことでもなければ、そうしたことはしない人のほうが多いはずです。

したがって、ある程度言葉がわかるようになるまでは、何かのグループでの交流でもないと現地の人と話す機会も多くは得られず、それであまりよくないと思いながらも、日本人のグループに入ってしまうこともあるようです。

日本人がいても、あえて距離を置くことに同意してくれる人ならいいのですが、そういう人ばかりでないのが現実ですから、このことについては対策をしっかり考える必要があります。

ここでお話しした私の経験だけを聞くと、ホームステイや間借りはよくて、寮に入ることは勧められないと聞こえてしまうかもしれませんが、ステイ先でのトラブルは結構よく耳にするものですし、寮に住みながら上手くやっていた人たちも知っていましたから、一概にどちらがよいとお話ししたいわけではありません。

いずれのケースでも、せっかくの外国なのにということは起こり得ますから、成り行きに任せればよいわけでないことは覚えておきましょう。

■ いい加減としか思えない仕事ぶり

決して日本人が完璧なわけではありませんが、米国に滞在する多くの日本人が感じるのが、アメリカ人のあまりにも「いい加減」に思える仕事ぶりです。

前述のスチューデント・オフィスなどは、まさにその典型なのですが、彼らはいい加減だということを認めるわけではありませんし、その仕事によって人が困ることがあっても何とも思わないのですから、多くの日本人はそれで更に憤慨してしまいます。

スチューデント・オフィスと同じようなことが至るところで起きますから、そこで生じる困難に参ってしまったり、ストレスを抱える人は多いのです。

私は1997年に日本へ帰国してから、何度か仕事で米国に戻りましたが、毎回そうした点で相変わらずだと感じることがありました。

象徴的だと思う例を1つお話ししましょう。2000年代の中頃に業務で中西部のある有名大学を訪れていたときです。

キャンパスに滞在していた私は、キャンパス内のスイミングプールを利用させてもらっていました。その施設のシャワールームの横には、髪を乾かすためのドライヤーがいくつも壁に取りつけられていましたが、あるとき、そのうちの１つを使おうとボタンを押すと、温風と一緒に火の粉が飛び出てきたのです。

どうやらドライヤーの中に埃が溜まっているのが原因で、そんな状態になっているようでした。私自身は、他のものを使えばいいのですから何ら問題はありませんが、スイミングプールには、小学生くらいの子供もたくさん出入りしていたので心配になりました。それは夏休みの期間で、キャンパスの一部の施設が近隣の子供たちに開放されていたのだと思います。

そのため私は施設から出るとき、受付の人に「危ないと思うから」と、ドライヤーから火の粉が出たことを説明しました。

受付の女性は話を理解して、すぐに担当の係に内線で電話をし、対処するように伝えはじめました。必要があればどのドライヤーかも伝えにいきますと話した私は、その場で内線での会話を聞いていました。

女性は手短に説明をしたのですが、電話の相手が言ったことに対して、「いや、いや、この人はただ心配してくれているんですよ」と話したのです。

どうやら内線の通話に出た相手は、「なぜ火の粉が出るのかわからないが、それは自分たちの責任ではなく、利用者からここにクレームを言われても困る」という意味のことを言っていたようなのです。火の粉が出て危ないじゃないかとか、火傷をしたという苦情が来ていると勘違いしているのでしょうか。

それについて詳細を聞いたり、現場を見たりすることもなく、「自分の知っていることではない」と、自らをプロテクトしはじめたようなのです。

私や電話をしてくれた女性としては、こんなことは誰の責任だのと言う前に、とりあえず現場に飛んでいくのが当たり前だと思うのですが、

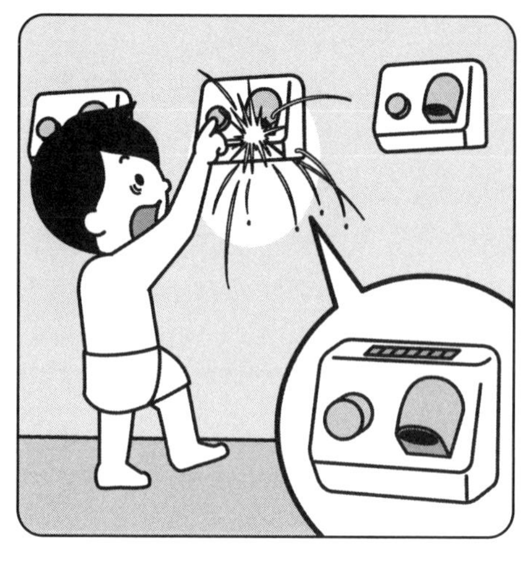

相手はそうは考えていないようなのです。

女性は「どのドライヤーの調子がわるいのか教えてくれるのだから、その場へ行ってください」と相手を諭すように話し、私もその場所へ戻っていきました。

現場に来たのは、学生のアルバイト風の青年でしたが、私が「このドライヤーです」と言うと、「わかりました」と言って、持ってきたビニール袋をそのドライヤーにかぶせ、その上に“Out of Order”（故障中）とマーカーで書いた紙を貼り、そのまま帰っていったのです。

これは私から見ると、よくあるアメリカ的な対処の仕方（の1つ）で、ドライヤーの不具合対応は保守担当者か業者の仕事なので、自分の仕事はこれをするだけという考えに基づいてしていることに見えます。

多くの日本人はこのシーンを見て不思議に思います。なぜ一度くらい、そのボタンを押して具合を確かめないのだろう。いくつもドライヤーがあるのに、なぜ他のものをチェックしようとしないのだろう。埃が溜まって火の粉が散ったのだから、他のドライヤーでも同じことが起こり得ると考えないのだろうか。火の粉が出てきたと話している本人に、なぜどんな感じでしたかとさえ尋ねないのだろう。このようにクエスチョンマークだらけになってしまうのです。

こうして疑問を持った人たちは不信感を募らせていきます。なぜ、はじめに「自分の責任ではない」と言うのか。どうして自分の仕事の範囲を極端に限定して、最低限のことしかしないのか。

日本の企業の人たちは、同じことを自分たちの仕事の現場でされることがあるわけですから、そこでは感情的なぶつかり合いが起こることもあるのです。

■「これで怒らないのはおかしいのでは」と思える例

ここからは別の事例をお話ししましょう。

決して褒められたことではありませんが、日本人の中には白人には大らかでも、アジア人にはきびしく接する人たちがいます。相手が同じことをしても、白人に対しては何も言わないか、やさしく注意する程度なのに、アジア人が相手だと叱りつけたりすることがあるのです。

そのため欧米では日本人は穏やかと思われていることが多いのですが、アジアでは怒りっぽいと思われていることがめずらしくありません。これは何とか私たちが変えていけないかと思えることの１つです。

このこととは別に、相手が誰であっても、異文化下における業務では、怒って当たり前と思えることが残念ながらたくさん生じます。

やると言ってやらない。はじめからできないことを約束する。約束を守らないと相手が困るのに、知らん顔をしている。こんなことがよくあるからです。

メッセージが伝わっていない。自分は伝えたと言うだけで、責任を持った対応をしない。謝らない。忘れられている。時間を守らない。

海外だけで起こることではありませんが、日本人ならもう少しまともな対応をしてくれるだろうと思えることが多いのです。

私自身は相手の人種的なバックグラウンドや性別によって態度を変えることはしないようにしていますが、逆に言えば、まったく自慢にはなりませんが、若いときには腹を立てて誰彼構わずケンカをしたことが、世界各国で何度もありました。傍（はた）から見れば、ただの感情的な言い争いに見えていたことも少なくなかったと思います。

勤めていた会社のマレーシアの工場での話です。船積みのアレンジなどを担当していた現地従業員の仕事ぶりがいい加減だと、日本の本社か

らの評判がわるかったのですが、私は現地でその本人を見ていて、彼の態度を咎めることになりました。

「なんで船積みのスケジュールを連絡してこないんだ」と日本から苦情を受け、さんざん問い詰められて、いろいろとごまかしながら「すぐにやります」と返事をした本人が、電話を切ってすぐに「おーい、みんな。さっきマンゴを買ってきたから切ってやるよ」と言って、会社のキッチンで包丁を使ってマンゴをさばき、皆に振舞いはじめたのです。

もちろん自分も食べまくり、「おいしいマンゴの見分け方」をレクチャーしはじめました。私は彼がそんなことをすることについても、それを自分の目の前でされたことにも怒っていました。

私はこの社員に「女子社員の目の前で鼻をほじるな」と言って、「お前にそんなことを言われたくない」と言い返され、大ゲンカをしたこともあります。

取るに足らないことばかりと言えばそうですし、私自身は言い争いをしてもすぐに忘れてしまって、後には引かないほうですが、当たり前に指摘すべきことを指摘しているだけのつもりなのに、それを根に持たれて上手くいかなくなるケースも多々あるようです。

日本人のように本音と建前の使い分けという概念も持ち合わせていない相手もいますから、そうした面でも、なかなか海外での人材管理は難しいと感じる人は少なくないようです。

■ 悲しくなる出来事

仕事をすれば外国人との間のトラブルは起こるものですが、腹が立つというよりも、がっかりして、やりきれない気持ちになってしまうこともありました。

これも勤めていた会社でのことで、ベルギーの拠点に滞在していたときのことです。

物流拠点を立ち上げたばかりで、現地従業員も少人数でしたが、作業者の中に遅刻が多いなど、勤務態度に問題のある社員がいました。私が指導する立場にありましたが、本人は高校を中退して働きはじめたような年齢でしたから、普段からできるだけ大らかに接していたのです。

その社員がその日遅刻した理由は、家を出るときに車のエンジンがかかりにくかったというもので、実際に車の調子がよくないようでした。これは修理しないと、また会社に来られなくなるかと思い、修理工場へ車を持っていかせることにしました。

しかし、修理工場に車を預けると、戻って来られなくなるため、私が自分の車で追いかけて、本人を乗せて帰ってくる段取りにしたのです。

それでも、出発しようとすると、彼の車のエンジンがかかりません。私が車を押すことになり、やっとの思いで車のエンジンをかけ、ようやく２人とも修理工場に到着しました。

会社の仕事は非常に忙しく、本当のことを言えば、車の修理に付き合っている場合ではありませんし、息を切らしてクタクタになるまで車を押すことになるのも予想外でしたが、小さな拠点でのことですから、これも仕方がないかと考え、本人には何も言うことなくやっていました。

修理工場に着いてしばらくすると、そこに修理代を支払ってくれるというその社員の母親が到着しました。

それを知って、挨拶をするために近づいていったのですが、その社員と母親は、特に私のことを気にかけている様子もありません。母親なのであれば、少なくとも挨拶をして、「息子が送っていただいてすみません」「いえ、いつもお世話になっています」くらいの会話はあってもおかしくないと思うのですが、何ら言葉を交わすつもりもないようです。

その母親も英語は普通にわかる人だと聞いていたのですが、私が近づくと、その母親は無表情に半分だけ身体をこちらに向け、一言「ハーイ」と言ったのです。修理の手続きがおわって修理工場を出るまで、母親が私に話したのはそれだけでした。

私はそのとき何とも悲しい気持ちになり、正直なところ、その若い社員の勤務態度や業務パフォーマンスを改善する手助けをすることに意義を感じなくなってしまったのです。

その社員には何も伝えませんでしたし、彼との仕事は以前と変わらぬように行っていましたが、欧州まで来て接するのがこうした感じの人たちなのかと、虚しくなったものです。

このように感情に左右されることはあるもので、こうしたことが原因で日本人と外国人との間に、不信感による溝が出来上がってしまうことはめずらしくありません。次の第11講では、その典型と言えるパターンを紹介します。

本講の Point

◎異文化下では、こちらの期待と違うことが起こっても不思議ではない。言葉がよくわからないために不安になることもあるが、できるだけ冷静に対処したい。

◎せっかく海外で英語を学ぶ機会があっても、日本人ばかりで固まってしまうのはもったいない。必要に応じて対策を講じたい。

Exercise

答えのない演習問題

Q. 10-1

海外でホームステイ（あるいは間借り）をして、学校までのバスの乗り方を尋ねたのに、自分が理解できるような親切な説明がしてもらえないシーンを想像してください。家族の人たちに悪気があるわけではないようです。このときあなたはどうすると思いますか。

考える Hint

わかるまで説明してもらう、紙に書いてもらうように頼む、それ以上は尋ねずバス停で他の人に聞くなど、いくつも考えを出してみましょう。

Q. 10-2

海外へ語学留学に行ったときに、あまりに多くの日本人がいたとします。できるだけ英語だけを話して過ごしたいあなたは、どのような対策を講じますか。

考える Hint

自分自身がどんな方針を持って過ごすか、話しかけてくる日本人にはどう対応するかなど、具体的に考えてみましょう。

Column

断るときのフレーズ

何かを勧められて遠慮したいとき、たとえば「コーヒーをもう少しいかがですか」と聞かれて、いらなければ **No, thank you.** と答えます。

これが、言い方次第では失礼な一言になってしまいますから注意が必要です。

「もう少しいかがですか」との問い掛けに対して、かぶせ気味に早口で返答したりすると、決してよい印象を与えません。これは飛行機の機内やレストランなどで、割とよく目にしますから気をつけましょう。

No. と **Thank you.** の間には、一拍置くとよいと言われます。「結構です。ありがとうございます」と述べているわけですから、そのつもりで話しましょう。

これまで私が断るフレーズを最も教えてあげたかったのは、30年以上も前のことですが、機内で日本人の大学生くらいの女性が、アメリカ人と思われる白人男性にしつこく連絡先を聞かれているときでした。

その2人は機内で隣り合わせになり、女性のほうはつたない英語で男性の話の相手をしていたようですが、まもなく空港に到着するとなった頃から、男性のほうが、電話番号などを尋ねはじめ、教えたくない女性のほうは困っていたのです。

「教えてください」と言われ、**No, No...** という感じで、やさしく首を横に振ったりしているのですが、男性のほうが、その女性の相手を傷つけまいとする振舞い方につけ入って、「これでお別れなのか」みたいなことを言い出していたのです。

私ももう少しで止めに入ろうかと思っていたところを、おそらく男性の知り合いと思われる別の男性が上手に止めていましたが、このとき女性に必要なのは、断りのフレーズでした。

その女性は、**I don't want to tell.** のようなフレーズなら言えたと思うのですが、それは少しはっきりしすぎで、言いにくいと感じていたようでした。

そういうときに便利なフレーズは、**I don't think so.** です。

「連絡先を教えてもらえますか」と聞かれても、何を言われても、嫌であれば**I don't think so.** と答えます。もちろん言い方に気をつける必要はあります。

もともと海外で怖いのは、断ったことで相手が逆上したり、その際に想定外の反応をされることがありそうなところですから、必要以上にきつい言い方はしないほうが無難です。**I don't think so.** は（ケースバイケースではあっても）特にきつい表現ではなく、それでいて「断りたい」という意思はきちんと伝わるフレーズです。

たとえば空港で、「募金をしてください」とか「アンケートに答えてください」などと言われ、**No.** と返事をしても、まだ言ってくるようでしたら**I don't think so.** と述べます。それでもまだ押してくるようでしたら、相手はかなりしつこいと考えてよいでしょう。

そういうときには**Please.** と言ってみましょう。「やめてください」「お願いしますよ（断っているのですよ）」という意味を表します。

丁寧に断ったほうがよいと思える場合には、**I'm afraid...**（すみませんが……、申し訳ありませんが……）と述べてから話しはじめます。**I'm afraid, but I don't think so. So**（ですから）**, please.** という具合です。

こうした場面で**Give me a break.**（勘弁してよ）などと言うと、ケンカ腰に聞こえますから、これにも注意しましょう。

何かを本当にはっきりと断りたいときには、**No, I refuse.**（いいえ、断ります）とはっきり述べます。たとえばドラッグを勧めてきた人がいたり、他にも迷惑なことを頼まれたときには、はっきりとした拒否の意思表示が必要です。

第11講

留学先／赴任先で待っている事柄 ②
—— 不信感により溝ができる典型的なパターン

海外でも日本国内でも、外国人と接することで、相手に不信感を持ってしまうことや、感情的な対立が生じることは、残念ながらめずらしいことではありません。国際的に活躍したいビジネスパーソンとしては、そうしたことが起こり得ることを想定して、できるだけトラブルを避け、上手くやっていきたいものです。

11

外国人と日本人の間で生じるトラブルは、日本人同士では生じない性質のものかと言うと、必ずしもそういうことではありません。たとえば海外法人の現地従業員が時間を守らないことが原因で揉め事が発生していたとしても、日本にも時間にルーズな人は大勢いるわけです。

そのため、これは相手が外国人だから起きたとか、異文化下だから起きたと説明しきれないことは多いのですが、そうしたトラブルの当事者になると、日本人が相手だったら同じような事態になったかどうか判断がつくことは多いものです。

■ 信頼関係が築けない

私はこれまで、日本人と外国人が信頼関係を構築できず、嫌い合ったり、対立したりする様子を数多く見てきました。

言い争いをした結果、わだかまりが解けて、関係性が改善するようなこともありますが、関係が悪化して、日本人から外国人へひどい嫌がらせが行われる様子や、外国人が日本人に協力するのを拒むようになる様子も、目にする機会は少なくありませんでした。

これまでに身近で起きた最もひどい出来事は、現地従業員に恨みを持たれた日本企業の会社施設が放火され、全焼したことでした。これが同じ会社で2度立て続けに起こったのです。この会社では、以前から一部の日本人従業員による現地従業員へのひどいハラスメント行為が日常的に行われていました。

ここまで極端な例を見聞きするのは稀ですが、感情的な対立はこんな問題までを引き起こすもので、そうした諍いが日本企業の海外法人の業務に支障をきたしていることは、決してめずらしくはないのです。

私は、こんなハラスメントをするのは日本の恥と思えるような、日本人の側に100%問題がある行為を見たことも、逆に、こんなことをされたらどんな日本人でも怒るに決まっていると思える外国人の行いを見たこともありますが、感情的な対立やトラブルが生じる場合、その原因はどちらか一方だけにあるとは限りません。むしろどちらにも多少の問題があると思えるケースは多いものです。

そうした中でも私がよく見てきたのは、外国人の行った行為や、彼らの態度に対して腹を立てる、あるいは強い不信感を抱く日本人の姿です。

その結果として、信頼関係を築けなくなったり、感情的な対立が起こったりして、相手に怒りをぶつけたり、ハラスメント行為をくり返すようになる人も出てきます。

ここでは多くの日本人が相手に腹を立ててしまう、あるいは相手を信用できなくなってしまう自例を2つ紹介します。

いずれの例も最近、私自身に起きたことですが、これらは外国人との間で生じるトラブルとしてはよくあることで、多くの人が体験し得る典型的なパターンと呼べるものだと思います。

これらを個人的なこととして受け止めてしまうと、相手とよい関係性を築くのが難しくなってしまうだけでなく、それ以上のネガティブな感情を抱くことになりかねません。

多くの人が体験することと捉え、相手と不必要な溝をつくらないようにするための参考にしてください。

ここで紹介する2つの自例に登場する人物たちと私の関係は良好であり、当人たちには十分な説明を行った上で執筆の許可も得ていることに言及しておきたいと思います。

■留学生のこんな行為に苦しめられる

私が非常勤講師を担当している大学院のクラスでの話です。

2019年度の秋の学期、私は留学生向けのクラスでDVDを貸し出しました。全員に同じ映画を見てもらい、テーマを与えて、グループごとに発表をしてもらうためです。

自分で映画を調達できる人もいますが、私がこの映画のDVDを講義や研修用に10枚ほど個人所有していたため、希望者には貸し出したのです。

留学生に限ったことではありませんが、学生に何かを貸し出すと、返却すべき期限までに戻ってこないことがあります。社会人学生で返却を忘れる人は少ないのですが、日本人学生では1割ほどの人が、留学生では2割から3割の人が、見事に忘れてきます。

これまでに一度、日本人学生が借りた本を返却しないので返すように求めると、あれは自分の本で借りたものではないと言い張って返却せず、1年ほど経って「やはりお借りした本でした」と謝って返しに来たことがありましたが、こんなことは例外で、ほとんどの場合、日本人学生は一度忘れても、次に顔を合わせるときには持ってくるものです。

それに対して外国人学生の場合は、一度忘れた人の中に、次回も忘れてくる人が半分ほどいます。

2019年度のクラスでは、2人の学生が3回連続して忘れてきて、学期が終了してしまいました。そのうち1人はフルタイムの留学生で、もう1人は日本企業に勤める外国人で、社会人院生となっている人です。忘れ続けるのはあまりにだらしないのですが、どうすることもできません。私は2人に、次の学期に私を見つけて返しに来るように伝えました。

次の学期である2020年度の春学期は、コロナ禍でオンラインの授業となり、キャンパスに立ち入れなくなりましたから、フルタイムの留学生からは、返却できず申し訳ないが秋学期まで待ってもらうことはできますかと問い合わせがあり、秋学期の授業初日に、私のクラスを訪れて返却がありました。

一方、もう1人の社会人院生（ここではE君とします）からは、何の音沙汰もありません。そのうち私はE君に連絡することになります。DVDを返してもらえず、1年近く経っていますが、そのとき受け持っているクラスで、まもなくそのDVDが必要になるからです。

ここまでは学生、特に留学生を相手にすれば想定する範囲内のことですが、E君はこのメールの連絡にも返信をしてきません。そのため、あらためて同じメールを送りましたが、そのメールにも返事がないのです。彼はタイの出身ですが、日本国内で日本企業に勤めている社会人で、メールを見ていないとは考えられません。

5日ほど経って、（9月30日水曜日に）ようやく返信がありました。

そこには、DVDを返していないことを詫びる文章はなく、「リマインダー（Reminder: 忘れないよう念押しすること）を送ってくれてありがとうございます」と書かれていました。続いて「月曜日（9月28日）にタイから戻ってきたところです。10月12日まで自宅で待機する期間（コロナ禍で、この時期に海外からの入国者に求められた対応）となるので、10月15日（私のクラスがある日）に返却する形でよろしいでしょうか」と書かれており、私は承知しました。

ところが10月15日に、私のクラスが終了する時間になってもE君は現れなかったのです。

私はこの時点で、この社会人院生とやりとりをしているのがバカらしくなり、あらためてメールを送って、今日教室で待っていたこと、もうやりとりするのに嫌気が差しているので、DVDは返却してもらわなくて結構だという旨を伝えました。

すると返信があり、そこには「送ったメールが届いていないようで申し訳ありません。DVDは教室の演壇（えんだん）の中に入れておき、その旨のメールを送りました。コミュニケーションがわるく、すみません」とだけ書かれていました。

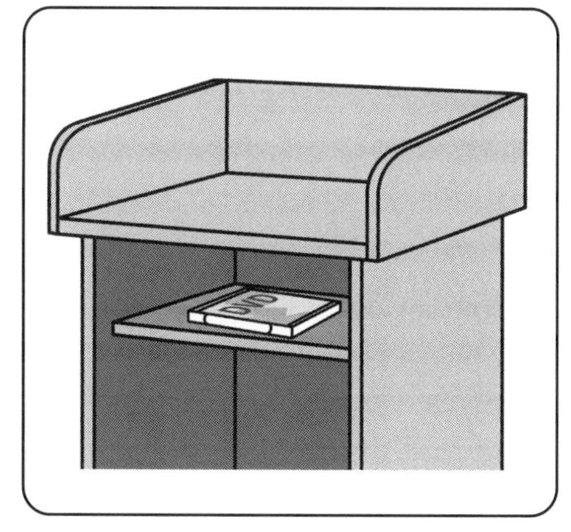

読んですぐには意味がわからなかったのですが、E君が送ったというメール（10 月 13 日付）が「迷惑メール」の中に見つかり、そこには「10 月 15 日（返却を予定していた日）に急なミーティングが入ったので、教壇の中に置いておくことにしました。もしなくなるようなことがあれば、新しいものを買って返します」と書いてありました。

私は非常に嫌な気分になるのと同時に、ある意味で懐かしいような気持ちも感じていました。これは若い頃に、時折外国人との間で経験し、諍いに発展していたような出来事そのままなのです。

私や私の周囲の人たちは、一部の外国人のこんな行為に苦しめられたものです。私は「相変わらずで、昔から変わらないなぁ」と感じていました。

1 年近く経っても、返すという DVD は戻って来ず、音沙汰がなくなる。何度も請求して、ようやく返答があり、少し先になるが返すと言う。音沙汰がなかったことを詫びるわけでもない。相手が言った通りに待っていても、そこに相手は来ない。人から借りたものを勝手にどこかに置いてしまっている。こんなことを続けて、適当なメールを送るだけで、電話で直接謝るようなこともしない。

こんなにだらしなく、当てにならない相手に付き合わされて、結局自分の持ち物は戻らない。これに費やした時間と労力も返してほしいと思えてきます。

■ 不審にしか思えないことが続く

私は教育的な意味も込めて、彼にメッセージを送りました。私の所有物をたかだがDVD 1枚とはいえ、長い間返却しなかった挙句に、勝手にどこかに置くということをしてほしくなかった。それで今どうするつもりでいるのか知りたい。なくなったら新しいものを買って返すなどと言うのは失礼だと知ってほしい。なぜ貸したものを返却してもらうのに、こんなに労力を使わないといけないのか疑問に思うという内容です。

相手は30代の社会人ですが、ここまでのことを悪気のないミスがたまたま連続したことと捉え、許せる人もいるかもしれません。大らかに受け止められるのなら、それに越したことはないでしょう。

しかし、こうした経験のある人なら予想できるのではないでしょうか。この話には、まだ続きがあるのです。

翌日の夕方になっても、私が送ったメールにE君からの返信はありません。

私は夕方6時頃に、「メールに返信できないのですか。電話をください」と、またあらためてメールをしました。彼は私の電話番号を知っていますが、私は彼の番号を知らないからです。

E君がメールを見ていないわけはないと思うのですが、返信はありません。私は、彼にDVDを取りに教室へ行ってほしかったので、その話をするために、7時にも8時にも同じメールをしました。

彼からの反応はありません。

私には彼が無視を続けて、私が他の人にDVDを取りに行ってもらうような手を打つまで知らん顔をしようとしていることが直感的にわかりました。

証拠と言えるものはありませんが、E君はDVDを返しに来ると言った10月15日に「急なミーティング」などはなく、たまたまその2日前にキャンパスを訪れたときに、その2日後に返却のためにわざわざキャンパスに戻るのが面倒で、「急なミーティング」などと嘘をついて

いるだけでした。

そして今、こうした状況になっても、自分でDVDを取りに行き、あらためて私に返却に来るのは面倒で、私のメールにも返信してこないのです。

私もこんなことをされて不愉快だと伝えているわけですし、申し訳ないことをしたと思っていれば、ともかく自分で早急にDVDを取りにいって、今それを自分が持っているということくらいは伝えてくるはずです。

私はE君には追って抗議はするつもりでしたが、とりあえずDVDを取り戻そうと、私自身がなかなかキャンパスに行けない時期だったため、日本人の社会人院生に連絡を取り、近くキャンパスへ行く予定のある人を探してもらい、その1時間後には翌日の朝にDVDを探してくれるという人が見つかっていました。

私はE君に再度メールを送り、メールに返事さえもらえないことに憤慨していることと、DVDを探してもらう段取りをするために、2人の人に迷惑をかけたことを伝えました。

そうすると、思っていた通りです。しばらくしてすぐにE君から電話がありました。

自分がキャンパスへ行かなくてよさそうとわかり、電話をしてきたのです。もう時間は夜の11時頃になっていました。

E君はたった今、昨日私が送ったメールや、今日の夕方から届いている一連のメールを見たと言います。彼は当日在宅勤務をしていたらしいのですが、朝からずっと仕事で忙しく、メールを見る時間がなかったと話します。

電話口では謝っていて、いかにもわるかったと思っているという口ぶりなのですが、私には彼の言動に誠実さを感じることはできず、嘘に嘘を塗り重ねているようにしか思えませんでした。
これが日本人のビジネスパーソンが外国人従業員の行為や態度などに腹を立て、不信感を抱く原因となる典型的な出来事の例です。私の経験では、これはアジアでよくあるパターンです。

その翌朝に日本人の社会人院生が見つけて預かってくれたおかげで、DVDは紛失せずにすみましたが、そうして助けてくれた人にも、その人に連絡を取って探すよう依頼をしてくれた人にも、私からはメールや電話でお礼を伝えていますし、預かってもらったDVDを渡してもらったときにも、それなりのことをしています。
しかしE君は、そんなことはまるでお構いなしで想像すらしていないでしょう。彼はDVDがその後どうなったのか、心配して聞いてくることさえありません。

こんなことが起こったとき、あるいは何度も続けて起こったときには、相手を信頼するのは難しいと思えるのではないでしょうか。
しかし、海外あるいは異文化下で仕事をするとなれば、こうした事態もある程度は想定して、取り乱さないようにしなくてはならない。これが海外で仕事をする上で難しいことの1つなのです。

■こんな事態が起こるのは、はじめて

続けて同じ大学院での話をしたいと思います。非常勤講師も長く担当していると、いろいろなことがありますが、一度、私の講義資料が教室で紛失したことがあり、このときには頭を悩ませました。

私は授業をおえて、その日は新幹線に乗って移動したのですが、新幹線の席に座って鞄を開けると、その日授業で使った資料が見つからないのです。

私は教室の演壇の上に、授業の関係資料がすべて入ったファイルを置き、そこからその日の授業で使う資料（A4用紙10枚程度）だけを取り出し、授業を進めていました。

演壇にはファイルを置くだけで、使用するマイクスタンドは演壇より前に置かれていましたから、講義中はA4用紙10枚ほどの資料を教室の最前列の机上に置く格好となりました。その机は3人掛け用でしたが、私はその端を使用し、もう一方の端に留学生が座っていました。

実は、授業が終了して自分の荷物を片付けているときに、鞄に戻そうとしたファイルが持ってきたときより少し薄い気がしたのですが、目の前の机の上にも、その周囲にも何ら資料らしきものは見当たらないので、すでに自分の資料はすべてファイルに戻したものと思っていました。

それから私は他に忘れ物がないか、あらためて演壇や机の周りもよく確かめて、教室を出ていたのです。

そのためA4用紙10枚ほどの資料がどこへ行ってしまったのか、私にはまるで見当がつかず、狐につままれたような気持ちになっていました。

それらの資料の中には、学生の個人情報を含むものはありませんでしたが、課題を作成するための下書きが入っていて、それはなくなると困るものでした。

それが午後5時くらいのことでしたが、私は新幹線の中から大学院の事務を担当するオフィスに電話を入れ事情を話すと、係の人がすぐに教室へ見にいって、折り返し連絡をくれることになりました。

オフィスの人に見てもらえれば間違いないと思うのですが、私自身が教室を出たときに、教室の前のほうには何もなかったことを確認していますから、まだ教室にあるとすれば一体どこに置いてあるのか、これで見つからなければどうしたらいいのか心配になってきました。

しばらくして折り返しの電話を受けましたが、教室中探してもそれらしき資料は見つからなかったらしく、（授業は毎回録画されているのですが、）録画担当のスタッフが見つけて預かってくれていないかとも考え、尋ねてくれたそうですが、そこにもなかったとのこと。

優秀な日本人スタッフは細やかで、追ってどこかから出てきた場合のために、このことをオフィスの関係者で共有しておくと、実に親切な対応をしてもらい、私は世話をかけて本当に申し訳ないという気持ちになっていきます。

■トラブルはこんな展開に

さあ、これで本当に資料が紛失していることがわかりました。私は何度もくり返し教室での様子を思い返し、どうやって紛失したのかを考え続けます。

夜7時半頃になって、私は教室の最前列に座っていた留学生が間違って私の資料を持ち帰ったのではないか、そうとしか考えられないと思うに至り、本人にメールをしました。

夕方からその可能性はあるように思えていましたが、その留学生（ここではF君とします）の座っていた席と、私が資料を置いた席の間には、一席分の距離がありましたし、いくらなんでも学生が私の資料を持ち帰るとは考えにくかったのです。しかし、どう考えてもF君が持って帰る以外に紛失のしようがありません。

夜9時まで待ちましたが、返信がないため、F君と同じ中国から来ている留学生にメールをして、F君と連絡を取って、私に至急電話をくれるように伝えてほしいとお願いしました。こんなときに至急連絡がつく電話番号がわからないのは本当に不便です。

夜10時になって、F君から電話がありました。

私からのメールは見ていないが、クラスメイトから連絡を受けたとのこと。私は学生から電話を受けたときは、相手が誰であっても必ず私から電話をかけ直すことにしていますから、このときもF君にまずはその旨を伝えると、F君はThank you. と言って一旦電話を切りました。

ここまでで、すでに十分に勘弁してくれと言いたくなる事態が生じていますが、ここからがまた、外国人との間のトラブルらしい展開になっていくのです。

私からの電話に出たＦ君に用件を伝えると、どうやら自分の鞄の中を見はじめたようです。

Ｆ君と私は英語で話しますが、日本語にすると彼は「あれ、えーっ、あ、あります」「何枚ありますか」「2 枚、あれっ、4 枚」などと話しながら、がさごそと音を立てています。

この一連のことをＦ君は、少し笑いながらやっているので、私はそれについては後で説教をするつもりでしたが、ともかく資料が見つかったことで安心していました。

資料はすべて写真を撮ってメールで送ってもらうこととし、それを受け取ったら、また私から電話をすることにしました。

写真が添付されたメールが届き確認すると、紛失していた資料はすべてあり、その中には課題を作成するための下書きもあったため、私は落ち着いてもう一度彼に電話をしました。

しかし今度はその電話がつながりません。電話はつながらないまま、中国語のアナウンスが流れています。はっきりとはわからないのですが、そのアナウンスは電話をつなぐことができないと話しているように聞こえます。

先程折り返しの電話をしたときは、気が焦っていたこともあり気づかなかったのですが、携帯電話の画面を見ると＋ 86 という表示から番号がはじまっていて、どうやら私がかけ直していた番号、すなわちＦ君がかけてきた番号は、中国の電話番号のようなのです。

それから私は何度かあらためてかけ直したのですが、同じアナウンスが流れたままです。

今後はこれを伝えるために、Ｆ君にメールをせねばなりませんでした。

■ そのまた先の展開

さあ、またクエスチョンマークがたくさん並ぶ状況になってしまいました。

Ｆ君が住んでいるのは神奈川県なのに、なぜ中国の電話番号から電話をしてきたのか。それにかけ直せば国際電話になるのに、なぜ彼はThank you. と言って何の問題もないように私にそうさせたのか。それ以前に私の携帯電話からは国際電話をかけることができたのか。なぜ先程はつながったのに、今はつながらないのか。

それよりも何よりも、一体どうやって間違えて私の資料を持ち帰ったのだろうか。もっと大事な資料が混ざっていたらどうなっていただろうか。

そうするとF君から、今度は日本の080の番号を使って電話がかかってきました。

F君に「さっきのは国際電話ですか」と尋ねると、Maybe. と答えています。「なぜそんな電話からかけてくるのか」と聞くと、その返答は要領を得ず、「私がかけ直した先は中国なのですか」と問うと、これにもMaybe. と答えます。

英語がきちんとわかる人との会話なら、かなり相手をなめた話し方と言えますが、F君の場合は英語にも日本語にもまだ慣れていないため、この部分は大目に見てあげないといけません。しかしこの一連の話を笑い声を混ぜながらしていることについては、きびしく注意をしなくてはなりませんでした。

うっかりしていたとしても、講師の資料を持ち帰ることなどは、してはいけない間違いです。それに加えF君は、資料を持っていかれた私が、この6、7時間の間に何をしないといけなかったのかも、助けてくれようとした人たちが何をしたのかも、まるで考えられていないのです。

もしF君が持ち帰った資料の中に、試験問題や学生の個人情報が入っていた場合、私が今回のことを問題とせざるを得なかった可能性があることも理解していないようです。

そして彼は、私が「国際電話の料金は高いのではないか」と尋ねると、「Maybe 10倍はします」と言って笑っています。

こうしたやりとりが揉め事に発展したり、相手を信頼できなくなる原因となっても不思議ではないでしょう。

私はこのことを未熟な新卒の学生のした、取るに足りない失敗と捉え、それ以上は彼を責めませんでしたが、本人には自分のした間違いに向かい合って考えてほしかったため、詫び状を書くように促し、彼は同意してそうしました。

私は翌日、オフィスに連絡を入れて状況を説明したり、間に入って連絡を取ってくれた留学生にもあらためてお礼のメールを送ったり、自分の携帯電話会社にも自分がかけたのは国際電話だったのか確認の問い合わせをせねばなりませんでした。

私はＦ君に対して腹を立ててはいないものの、こうした事後処理が必要になることにも想像が及ばない外国人に対して日本人が怒ったり、不信感を持つところを過去にはたくさん見てきました。困っているところで、その原因をつくった本人が笑っていれば、それなりの反応をしてしまう人はいるものなのです。

■ 揉め事が起きた場合の注意点

外国人と接したり、一緒に仕事をしたりしたときに、我慢できず、感情的になってしまうことがあったとしましょう。その際には、どうしても気をつけてほしいことがあります。

それは人種的なバックグラウンド、すなわち「あなたが○○人だから」とか、「○○人は……」といったことを決して口にしないことです。

そうしたことを口にした場合、話はよい方向には進まないことを覚えておきましょう。

自分の国や人種をわるく言われたら、たとえその話に正しい面があったとしても、それを述べた人に対して、決してよい感情を持つことはありません。そうしたことを述べた人がビジネスパーソンであれば、その人は国際的な仕事をするための自覚に欠けるビジネスパーソンです。

これに加えて、特に問題が生じていないときであっても、お互いの国のわるい歴史などについては、話すのを控えるのが常識的です。

私も経験がありますが、外国人に広島と長崎に原爆が投下されたことを正当化するニュアンスのことを話されて、穏やかでいられる日本人は少ないものです。タブーというものがありますから、それについて、私たちは十分に自覚しておきたいものです。

外国人との、あるいは異文化における業務では、何に関しても相手に十二分な説明を行って、ようやく半分くらいわかってもらえると思っておくのが無難です。苦手な英語で話すとなれば尚更のことです。

第10講と第11講では、日本人と外国人の間に生じるコミュニケーション上の問題を見てきました。感情的な対立に発展することもあれば、一緒に仕事をしている人たちが信頼し合えなくなることや、業務を進めるのに支障が生じることがあるのも理解できると思います。

「一応言葉は通じているから、雇用した相手だから、自分たちを理解してくれるだろう」というのも、私たちがよくしてしまう間違った思い込みです。

ぜひ慎重に考え、前向きに協力をしていけるよう努めていきたいものです。

本講の Point

◎(決して日本人のほうが優れているという意味ではないが、) 外国人と接する中で、文化的背景の違いから、相手に不信感を抱いてしまうような出来事は起こるかもしれない。そのことはある程度想定しておき、取り乱さず対処したい。

◎揉め事が起きても、人種的なバックグラウンドには触れないようにする。わるい歴史にも言及すべきではない。

Exercise
答えのない演習問題

Q. 11-1

これまでに外国人との間で、文化的な背景が異なると感じた経験はありますか。海外で、あるいは国内でも、自分（たち）の感覚と違うと感じたことがあれば挙げてみてください。

考える Hint　不信感を持ったとか、トラブルに発展したというほどのことでなくとも、「ちょっと違うな」と感じたことで十分です。

Q. 11-2

一緒に学んだり働いたりする外国人との間で、文化的な背景による違いを感じた場合に、気をつけたいと思うことにはどんなことがありますか。

考える Hint　まだ違いを感じた経験がない場合には、想像をめぐらせて答えてみてください。

Column

上達のためには“Describe”してみる

人や物事について特徴を述べること（Describeすること）が、英語を話すよい練習になることを説明しておきたいと思います。

Describeとは「描写する、特徴を述べる、（口頭で）説明する」という意味です。したがって、

Please describe your boyfriend to me. と言えば、「あなたのボーイフレンドについて、特徴を話してください」といった意味になります。これに答えるときには、その男性を形容することになりますから、たとえば

He is tall and skinny.（彼は背が高く細身です）

と述べることができます。

他にもどんな特徴があるか考えて、話せるだけ話すのが、英語で表現するのに慣れていく1つの方法です。

He wears suits everyday.（彼は毎日スーツを着ています）

He prefers to wear comfortable shoes.（彼は心地よい靴を履くのを好みます）

どんなことでもいいですから、その人物の特徴をdescribeしていきます。この際、短いセンテンスで正確に話すことがよい練習になります。

Can you describe heavy metal music?（ヘビーメタル音楽について、特徴を述べてください）

と聞かれたら、あなたは何と答えるでしょうか。「音が大きい」「ギター中心」など、考えつくことがあると思いますから、そうした特徴を述べてみることが、よい練習になります。

Can you describe the flowers you bought yesterday?（昨日買った花について、特徴を述べてください）

Can you describe the motorbike you have?（あなたのバイクについて、特徴を述べてください）

こうした質問に答えるために、辞書で単語を調べる必要も生じるでしょう。それが単語を覚えるよい学習にもなるのです。

第12講

恥ずかしい思い、気まずい思いをせずに、上達することはない

これから本格的に語学を習得していく過程で、恥をかかないで済むことはないでしょう。何とも言えない嫌な体験をすることもあるはずです。恥ずかしいことや、嫌なことがあれば、それはむしろ通るべき道を歩んでいるのだと、ポジティブに解釈すべきときは多いものです。

恥ずかしい思いをすれば英語がわかるようになるのかと言えば、そういうことではありませんが、まるで恥ずかしい思いをせずに、どんどん上手くなることはないものです。

恥ずかしいとか、気まずいといったことには、たとえばどんなことがあるのでしょうか。笑い飛ばせることもあれば、それでは済ませられないこともあります。ここではさまざまなエピソードを紹介していきます。

■ はじめは誰でも困ることがある

米国時代の日本人の友人の話です。彼は高校1年のときに、父親の海外赴任に伴い家族とカリフォルニアへ引越し、大学の学部で私と知り合った頃には何ら不自由なく英語を話していました。そのため私は英語に堪能な彼しか知らないのですが、本人いわく米国へ来たばかりの頃は、英語はまるでわからず本当に困ったということでした。

その頃は高校生ですから、ハイスクールに通うことになります。初日

に学校の外まで父親に車で送ってもらったのはいいのですが、どこからどこへ入っていき、誰と何を話せばよいのかわかりません。そこで誰かに話しかけるという勇気もなく、何と彼は1日中ただ校舎の周りをぐるぐる歩いていたと言うのです。

帰りはまた父親が迎えに来てくれて、翌朝も同じように送ってもらうのですが、校舎の中へも入れなかったとは話すことができず、何と彼は3日間も1日中校舎の外をぐるぐると歩き続けたらしいのです。

3日目の夜に学校から自宅に「お宅の息子さんが学校に来ていない」という電話連絡があったそうです。電話に出た父親が「そんなはずはありません。3日前から私が毎朝送っているのですから」という話の展開になり、ようやくすべてを父親に話したのだそうです。

そして4日目の朝には、父親に校舎の中までついていってもらい、職員室で話をしてもらって、ようやく教室へ行けたとのこと。

それでも、ここからがまたさっぱりわからないと言います。授業によって部屋を移動することがあるのですが、自分はどこへ行けばいいのか、どんなときにどこへ移動することになっているのか、見当がつかないらしいのです。

ランチはどこでどうしたらいいのか、いつが1日のおわりなのか、こうしたことも言葉がわからないと尋ねることすらできないわけです。

著者の私も大学に通いはじめた頃、必要な手続きをするオフィスの入った建物を探し、建物内の受付でそのオフィスの場所を聞いたのですが、その説明がよくわかりません。右へ行って、どこかで左というようなことを言われるのですが、私はなぜかそれを建物の外のことと思い、その後建物の外を歩き回りました。

オフィスらしき場所がまるで見つからないので、その辺りにいる人にあらためて尋ねたのですが、その説明も理解できず、また先程の建物の受付に戻っていきました。

受付の人にオフィスは見つかったのかと聞かれたのですが、その場所がわからなかったというと、大げさに頭を振ってため息をつかれ、一緒に連れていってくれたのですが、そのオフィスは同じ建物の中で、受付からすぐ近くの部屋だったのです。

その後の自分なら、聞いた説明がわからなければ、それがどの国であっても「よくわからないから、ちょっと紙に書いてください」くらいのことは頼みますが、それは英語が口から出てくるから言えることで、言葉が通じないところにはじめて行って萎縮していることもあり、当時はそんなことすら頼めなかったわけです。

■伝えたくても伝えられない

英語が通じずに恥ずかしい思いをしたり、困った思いをしたことは、あまりに頻繁にあります。

どんなことがあるかというと、たとえば（第10講でお話しした、ホームステイ先が決まらず急遽宿泊した）ホテルでは、チェックインするまではよかったのですが、部屋の洗面台の蛇口のひねり方がわからなかったのです。見たことのない蛇口の形で、どうひねっても水が出てきません。

フロントへ行って尋ねようと思い、蛇口という単語は辞書で見つけたのですが、「ひねり方」とか、「水の出し方」という表現は探すことができません。

それで私がフロントで言えたのは、How do we use the bathroom?（バスルームはどう使ったらいいですか）という表現でした。これを聞いて、フロントの係の人が私のことを西洋風の風呂の入り方を知らない東洋人と勘違いしたことにも気づいたのですが、それでも私は「ただ蛇口のひねり方がわからないだけ」とは言えないのです。

それで部屋まで一緒に来てくれて、バスタブの使い方から何からすべて丁寧に説明してくれるのですが、それは私も知っていることですし、わざわざ説明させて申し訳ないという気持ちになってきます。そして、その説明の途中で係の人が、洗面台の蛇口を手前に引いて水を出したのですが、それで私はようやく知りたいことを知ることができたわけです。

こんな話であれば、どれだけでも話せます。

私は自分の車を買って運転しはじめるまで、バスを使って移動していましたが、時折、乗ったバスが思わぬところへ行ってしまうことがありました。

よくわからないのに乗ってしまう私に問題があるのですが、日本のように時刻表通りにバスが来ることは稀でイライラしていますし、バス停にいる人に「このバスは○○へ行きますか」と尋ねると、I think so.（そう思うよ）などと適当に返事をする人もいるので、そうなってしまうわけです。

あるとき乗ったバスが、私が行きたい方向へは向かわず、近くのバスターミナルへ到着してしまいました。他の発車しそうなバスを覗（のぞ）いて、運転手に私の通う大学へ行くか聞きましたが、その返事が何と言っているのかわかりません。「まあ、いいや」と思い、バスに乗り込むと、今度は大声で何か言ってきます。

それもよくわからないので「自分はこれで大丈夫です」と話すと、「本当にいいんだな」みたいなことを言われ、発車したバスはそのまま車庫に入って停まり、運転手は降りてどこかへ行ってしまったのです。

■ 人に迷惑をかけていた

こんなふうに自分が困るだけならいいのですが、言葉がわからないために周りに迷惑をかけてしまうこともあります。

何度か繰り返し、ようやくわかったことに、スーパーマーケットで並ぶエクスプレス・レーン（Express lane）でした失敗があります。たまに行っていたスーパーマーケットで、空いているレジの列を見つけて並ぶのですが、並んでいるといつもレジの係や後ろに並んだ人に何か言われるのです。

私のカートを指差して何かを言っているのですが、申し訳ないことによく意味がわからないので、私はいつも愛想笑いをして、そのまま並んで支払いを済ませていました。

あるときレジの上のほうを指差して何かを説明してくる人がいるので、それを見ると（正確な数字は忘れましたが）8 items or less みたいなことが表示してあり、つまりそのレジは8つかそれより少ない品物を求める人たち専用のレジだったわけです。

それに気づくまで、私はその数より明らかに多い商品をカートに入れて、そのレジの列に並んでいたのです。それがわかったときには、本当にわるいことをしていたと思ったものです。スーパーマーケットのレジに並ぶのに、そんなシステムがあるとは知らずにやってしまったことでした。

先日、日本の新幹線で、自由席が混み合っているときに、外国人客が車両の外に立ち、それによって車両の出入口の自動扉が開いたり閉まったりしていることがありました。どうも出入口付近の席に座っている乗客たちが、その外国人客の無神経さに苛立っている様子でしたので、私が注意というか、説明をしにいったのですが、自分のせいで自動扉が開閉し続けていたことを知ると、その人は驚いて恐縮しているわけです。このときに私が思い出していたのは、自分が立っていた米国のスーパーマーケットのエクスプレス・レーンのことでした。

ただ知らなかっただけで悪気はなかったことはよくあります。長い間気づかなかったのは、コインランドリーの乾燥機に溜まる埃のことです。

米国ではアパートの建物の中に、コインランドリーがあるのが普通だったのですが、私はそこにある乾燥機を使った後に、中に溜まった埃を捨てるというルールを知らなかったのです。

あるとき、コインランドリーの中で私を見て顔をしかめて何か言っている人がいるので、無視して出ていこうとすると、それまでよりもすごい形相で怒り出しました。

私はそのとき、乾燥機の埃を掃除するルールどころか、乾燥機を使うと中に埃が溜まるということすら知らず、言われていることもまるで理解できなかったのです。私は後になって、怒っていた人が訴えにいったアパートの管理人から注意され、このことをようやく理解します。

私は長くお世話になっていたホームステイ先でも、乾燥機はいつも使わせてもらっていましたが、自分で埃を掃除した記憶がなく、次に家族に会ったときにそれを話すと、注意してもわかっていないので、あまり何も言わなかったとのことで、ここでもようやく申し訳ないことをしていたと気づいたのです。

■ あの表情は、そういう意味だったのか

私は米国に住みはじめてから、言われていることが理解できないときには、Yes か No かを勘で答えるようになっていました。何を言われているか推測しながら答えるのですが、当てずっぽうと言えば、まさにその通りで、今から思うとよくあんなことをしていたなと思えます。

そんな会話をして、おかしな話の展開になり、後で「あの人、何て言っていたのかな」と考え込むこともありました。

あるときはレコード店で CD を買い支払いをすると、店員さんに何かを尋ねられました。意味はわからなかったのですが、短いフレーズでさっと聞かれただけで、大したことではないのはわかるのです。

何かの会員になりませんかとか、ポイントカードをつくりませんかといったことだろうと思い No. と答えると、やはりその通りだったのでしょう、Here you go! Thank you.（はい、どうぞ。ありがとうございます）と CD を渡してくれます。

そこで私が Can I have a bag, please?（袋をもらえますか）とお願いすると、「ああ、袋ですね……」という感じで CD を袋に入れてくれるのですが、店員さんは何か少し困ったような表情を見せました。

その後、店を出て車に乗り込むのですが、店員さんの表情が突然曇ったのは何だったのかと気になってしまいます。そして「何もおかしなこ

とは言っていないけれど……」と考え続けることになりました。

そして悩み続け、夜ベッドに入ってから「あ、あの短いフレーズはWould you like a bag?（袋はいりますか）だったのだ」と気づくのです。そこで恥ずかしくなって、1人で赤面することになるのです。

■ わかっていなくて、申し訳ありません

先程の話は店員と客の間のことですし、許してもらえる話だと思いますが、同じようにYes、Noを勘で答えた結果、相手に嫌な思いをさせてしまうこともありました。

そのときは大学構内のある建物の中で、切手の自動販売機があるのを見つけて、切手を買ったのです。この自販機では、25セントの切手が6枚入って、1ドル50セントで売られていました。すぐに使いたいのは2枚ほどなのですが、6枚セットしか売っていないため、それを買ったわけです。

また不便なことに、この自販機は25セント硬貨（Quarter: クォーターと呼びます）しか受け付けません。両替機が近くにあるわけでもないため、25セント硬貨を6枚持っていないと使えないのです。

私はたまたまクォーターをそのくらい持っていたので使えたのですが、そのときに切手を買った私に話しかけてきた女性がいました。

何か話しかけられ、また例によって意味がわからなかったのですが、Yes. と答えておくと、笑顔でまた何か言ってきます。切手か自販機のことを聞かれている気がしますが、それ以上のことはわかりません。私は、今度はNo. と答えました。そうすると女性はまた笑顔で何かを話します。これに私はまたNo, と答えました。

するとその瞬間に、女性はがっかりしたような、ゆがんだ表情を見せました。

この話をしていたのは自販機の前ですが、そこは休憩所のようなところで、たくさんの椅子が並んでいて、私たちの会話はそこに座っている何人もの人たちに聞こえています。

女性ががっかりした表情を見せたときですが、同時に話が耳に入って

いた人たちも「えっ」という表情で私のことを見たのです。そして話の成り行きを見守っているようです。
よく見ると女性は手にクォーターを1枚持っていました。
その人は一度立ち去ったのですが、周囲の人たちに何か言葉をかけられています。私にはそれが「親切にしてもらえませんでしたね」という内容の話に聞こえました。

後で考えてみて、私の交わした会話は以下のようなものではないかと思えました。

私、6枚入り切手を買う。

女性：すみません。今、切手を買われましたか。
私：Yes.
女性：その6枚ですが、すぐにすべて使われるのですか。
私：No.
女性：それでは、すみませんが1枚だけ譲っていただくことはできませんか。私、小銭が足りないので。
私：No.

それで女性は当惑した表情を見せ、周囲の人たちも「えっ」と思ってしまったわけです。この後、細かな点までは思い出せませんが、周囲の人たちが女性に「彼（私のこと）は言葉がわかっていないだけなのでは」と話したり、私も助けてもらったりして、最終的には切手を1枚渡すことができたのを覚えています。

私：英語がわかっていなくて、申し訳ありません。
女性：いえいえ、そんなことはありません。Thank you.

という感じで会話がおわったように記憶しています。
このときには、自分が発した言葉で相手をがっかりさせるのは、あまりに残念なことだと思わずにはいられませんでした。

■取り返しがつかなくなった

Yes か No かを勘でというのは、好きでやっているわけではなく、わからないためにそうなってしまっているのですが、実はこれで取り返しのつかない失敗をしたこともあります。

学部の授業を受けはじめたばかりの頃、履修していたクラスの1つにデッサン（美術）がありました。

あるとき宿題に出ていたデッサンを提出したのですが、教授が何人かの学生のデッサンを見せて解説をはじめました。そのうち私のものが前に出され、「これは Hisazumi Matsuzaki のものですね。どこにいますか。手を上げてください」と言います。

私が手を上げると、皆が私のほうを見ます。そして次に教授は私のデッサンを見て、「う～ん。ベリーオリエンタル」と言い、クラス中が爆笑になったのです。

Oriental とは東洋風という意味です。実際に私のデッサンは水墨画のようで、東洋風と言えばそうでしたが、なぜ爆笑になったのかはわからず、なぜかはわからないのですが私はそのことに、あまりいい気持ちがしていませんでした。

それで授業が終了すると、私は教授のところへ歩み寄って、What did you mean by oriental?（オリエンタルとはどういう意味だったのですか）と尋ねたのです。

その後米国で生活を続け、それなりの経験を重ねた私は、こうした人種的バックグラウンドにかかわる話をすると、ろくな展開にならないことが多いことを知りましたから、その後の自分であればこんな質問はしなかったのですが、そのときは何も考えずにただそう口にしていました。

それでも、まだこう尋ねるだけなら問題はないはずでした。

しかし、それからおかしなことがはじまってしまいます。そのとき私は、自分が尋ねたことに答えている教授の話がまるで理解できなかったのです。

12

教授は何かを話して、その後「それが理解できるか」というようなことを聞いてきます。それに対して、また私がYesとかNoとか、話がわかっていないのにもかかわらず、口にしてしまっているのです。

そうするとまた長い話がはじまり、また何か聞かれるというパターンが数回続き、明らかに話がおかしな展開になっているのがわかるのです。私はおそらく、どこかですべきではない受け答えをしていました。

たとえば、教授が「人種的な偏見で言ったのではない。それはわかりますか」と言ったときに、私がNo.と答えていれば、それだけで話はおかしくなって当たり前です。

私は、その後も言われていることをまるで理解できなかったのですが、おそらく2、3度そんな返答を繰り返してしまったのではないかと思います。教授は一度も微笑むことなく、かなり気をわるくしているように見えました。

学期がおわって夏休みになり、終了した学期の成績表が送られてくると、私のデッサンのクラスの成績はDとなっていました。Dは不合格という評価です。授業は一度も休まずに出席し、宿題もすべて提出していたにもかかわらずです。

私には、この成績をつけられたのは、あのときの会話が原因だとしか思えませんでした。

周囲には、成績評価に疑問があれば問い合わせできる期間があるので、その期間内に尋ねてみるべきとアドバイスしてくれる人もいましたが、私はこのとき（後に英語に慣れてくると、自分がなぜそうしたのか理解できないのですが、）こうした交渉も難しい気がして、問い合わせの仕方さえ調べたりすることもなく、簡単にこれをあきらめてしまったのです。

このDは、現在でも私の成績表に残っています。この成績が与えられた経緯についても、その後の自分の対応の仕方についても、問題はいくつもあったと思いますが、私が怖いと思わずにいられなかったのは、わかっていないことについて適当にYesやNoを口にして、このように取り返しのつかない展開になってしまったことでした。

■ 黙っているのが情けなくなる

デッサンのクラスの成績の件では、私も相手の気分を害することを言ったのかもしれませんが、普段の生活の中には、もっと単純に「それはないんじゃないですか」と思うことは頻繁にあったものです。

そんなとき、言いたいことが言えないのはストレスで、言葉がわからない自分は弱いと思わざるを得ませんでした。

よく思い出すのは、大学内にあったトラベルエージェンシーで何かの手続きをしていたときのことです。私が申込書に自分の名前を手書きしたのですが、それについて係の女性が「こんな名前をタイプするのは面倒くさい」と言ったのです。

私は耳を疑って、「今、私の名前が面倒くさいと言いましたか」と聞くと、「言いましたよ。John Smith みたいな名前なら誰にでもすぐわかるのに」と言うのです。

後の私なら、責任者を呼び出して大いにクレームをつけるところですが、この頃は相手の態度に腹が立つものの、口げんかも上手くできないため、思ったことを言うこともできず、気分をわるくするだけだったのです。

まだ大学に通いはじめた

ばかりの頃、キャンパス内のコンビニのような店で飲み物を買って、つり銭を受け取ろうとしたときに、店員の女性が私の手に触れないように、私の手に上から小銭を落としたときも驚きました。

私も日本では、それまでにコンビニでアルバイトをしたことはありましたが、こんな失礼なことをお客さんにするなど考えられませんでした。これは2020年からのコロナ禍で、お互いの手に触れないようにという配慮がある上でのことなどではありません。

こんなことがあっても、何も言わずただ忘れるようにしていただけの時期は長く続いたのです。

■ 当たり前のことを当たり前に話したい

こんなふうに気分のわるい体験も多くあったわけですが、後に振り返ってみると、恥をかいたり、嫌な思いをしたり、腹を立てた経験を通じて英語を学んできた面も大いにあったかと思えます。

自分の話が通じないとなると、弱気になってくることがあります。私にもそういう時期が長くありました。

それを強気にというか、普通に振舞えるように変えていくのが好ましいのです。「自分の英語が（話すことが）通じるかな」と思っているよりも、「話を通じさせて相手にやってもらおう」という感覚に変わってくるとよいのです。

よく行っていたホームステイ先近くのハンバーガー店での話です。あるとき注文してからサラダバーでサラダをよそっていると、先程レジを担当していた店員が隣へ来て言います。

「注文されたサラダバーのお皿はsmallサイズだったのですが、largeサイズをお渡ししてしまったので、差額分を支払ってもらえませんか」。

私はそう言われるまで、渡された皿のサイズのことには気づいていませんでした。私の感覚では、間違えたのは店員のほうですから、smallサイズの皿を持ってきて、「すみませんがこれを使ってもらえませんか」ならわかります。

しかし、なぜ私が店員の間違えた分の差額を支払って、注文してもいないLargeサイズをもらわないといけないのでしょうか。反射的にこう思うのですが、私はこうした場面で「ああ、いいですよ」と言って、他には何も言わず支払いをしてしまっていました。

話すのに自信がないことに加え、弱気になっているからです。加えて、「自信がなく弱気」というのが本当の理由なのにもかかわらず、まあ大したことではないからとか、非常識な相手に話しても仕方がないからと、自分を納得させられそうな理屈を探して、自分の情けない振舞い方がそんなにわるいものではないと考えるようにしていたのです。私はそんな自分にも、実に嫌気が差していました。

ここで「自分がほしいのはsmall サイズなので、largeなんていりませんよ」と言うことができれば、強気と言うのは大げさですが、当たり前のことを当たり前に話せている状態なのです。

■ 感情が揺れる体験

日本で英語を学んでいても、なかなか身につかないのは、恥をかくこともなければ、腹が立つこともないからかと思えます。

もちろん、しなくてもよい経験はありますから、腹の立つことを経験すべきと言いたいのではありません。

たとえば、人種差別的な扱いを受けることは、しなくてもよい体験です。それは体験しないほうがよいのですが、私にはそんな体験から覚えた言葉もあります。

Hey, Chink! Give me some money, Chink!（おい、チンク[★]。金をよこせよ、チンク）

Yo! How do we say “give me some money” in Chinese, Chink.（おい、「中国語で金をくれ」ってなんて言うんだ、チンク）

［★］ チンクとは、中国人に対する侮蔑語。

これは私が米国ではじめてまともに侮辱的な言葉を投げつけられたときに言われたことです。私はアフリカ系のホームレス（に見える）人から、こう言って罵声を浴びせられました。

私はこれで腹を立てたわけではありません。あまりに唐突すぎて腹など立つものではありませんし、私は中国語で「金をくれ」くらいは言えるのですが、日本人であって、中国人ではないのです。

それでもやはり、こんな言葉を投げつけられたことはありませんでしたから、それなりに感じることはありました。

私は当時から、日本のヘビーメタルバンドであるラウドネスのファンで、彼らが欧米へ進出し、成功を収めていったことを尊敬していました。

ボーカルの二井原（にいはら）実さんが1983年頃からの欧米進出の体験を記した著書である『ロックン・ロール・ジプシー』（JICC出版局、1988年）が刊行されたときには、何度も繰り返し読んだものです。

この本には、欧米進出にまつわるエピソード、二井原さんの体験や揺れ動く感情、加えて英語をマスターしていく様子なども描かれていました。

二井原さんがバンド活動を通じて欧米の文化や風土に触れていく様子は、生々しく、勇気を与えられるものでした。ここでその一部を引用して紹介させていただきたいと思います。

> 「ばか野郎、ジャップ!!　目ざわりだからどっかへ消えうせろ。このイエロー・モンキー!!」
>
> これは、海外で初めて、僕に直接あびせられた侮辱、差別の言葉だ。ロンドンの地下鉄、レスター・スクウェア駅の切符売り場でのことだった。
>
> （中略）

「こら、ファッキン・ジャップ、ドジな奴!!　うっとおしいんだよう、くそったれ」
初め、何を言われているのかわからずキョトンとしていると、かなりきついイギリスなまりのその男は、今度はていねいにゆっくりと同じセリフをくり返した。今度は僕にも、おぼろげながらその言わんとする内容がわかった。

（中略）

僕は生まれて二十三年間、他人からあれほど侮辱的な態度で何か言われたことがなかったので、頭がすぐに動かず、いったい何が起こっているのかさえ理解できずにつっ立っていた。目の前が白くなり、くらっと倒れそうになった。
次の瞬間、押さえることのできない怒りで、体中が震えてきた。

このように読み手の感情も揺さぶるエピソードが数多く登場します。私は二井原さんのこうした話を読んで、国際的な活躍がしたければ、こんな体験をしても自分の感情と折り合いをつけていくことが必要なのだろうと感じたものです。
そして、そうした「体験を重ねながら学んだ英語」は、確実にその人のものになっていく気がしました。

■ 若いときに学ぶメリットとは

大学生くらいの頃から外国語を学ぶメリットの1つは、気楽に人と付き合える年齢であるため、他の人と一緒に学びやすいことです。
もっと年齢を重ねると、人と会って話すのにも、事前の約束や、それなりの場所の確保が必要になったりしやすいものです。また、学生時代と比べて仕事などで拘束される時間が長くなりますから、偶然に顔見知りと会って、その場で話し込むというような機会も少なくなってくるのです。

そのため外国人の知り合いとたまたま顔を合わせることがあったとしても、気楽に英語でダラダラ雑談とはなりにくいですし、何かを教えてもらおうとすれば、時間を取ってもらって、話しやすい喫茶店でごちそうしてといった配慮が必要になってきがちです。

若い頃なら、お互いが自分のためのコーラを１本買ってというスタイルで十分だったのに、誰かと少し英語で話すことや、日本人同士でも英語学習について話し合ったりすることのコストが高くなるのです。つまり学生でいるうちのほうが、気楽に社交しながら学ぶ機会を得やすいわけです。

更なるメリットは、恥ずかしい思いをしても、気まずい思いをしても、または前項で紹介したような体験をしても、よい意味でそれに慣れていきやすいことです。

若い頃のほうが絶対に慣れやすいのかと言えば、そう言い切ることはできませんが、乗り切り方を覚えるにも、ある程度は時間が必要になることは多いものです。そのため若い頃から体験を重ねておくことができれば、それに越したことはないと思えるのです。

また、人は年齢を重ねると、できないことや、したくないことが増えてくるものです。

たとえば大学生の頃であれば、外国人のグループに遊園地に誘われたら二つ返事で参加していた人も、10年後には「遊園地はちょっと」となっていたりするものです。

好き嫌いがはっきりしてくることが多く、「こうでなくては」というのが増えてくるのです。それが人と人の間に壁をつくりますから、誰かと一緒に学習する機会は増えずに、どうしても減る方向に向かってしまいます。

別の言い方をすれば、そういう年齢になったときにも学習を継続できるように、若い頃から勉強の勘所を身につけておけるとよいのです。

本講の Point

◎英語を学ぶときには、恥ずかしい思い、気まずい思いは、つきまとうものである。必要以上に落ち込んだり、萎縮しないことが大切である。

◎わかっていないのに適当な返事をしていると、話がおかしな方向に行ってしまうことがあるので要注意。

Exercise
答えのない演習問題

Q. 12-1

英語での話がわかっていないのに、わかったふりをして返事をしてしまったことはありますか。そのときには何を考えていましたか。

わからないのに相づちを打ったことがある場合も含めて考えてみましょう。

Q. 12-2

英語で言いたいことが言えずに（または、伝えたいことが伝えられずに）、残念な、あるいは悔しい思いをしたことはありますか。

クレームをしたかったのにということでも、道を教えてあげたかったのにということでも大丈夫です。どんなことがあったのか話してみてください。

Column

会話フレーズは棒読みせず、感情を込めて

筆者が留学して間もない頃、ホームステイ先でのことです。

まだ大学に入学する前で、大学付属の英語学習コースに通っていたのですが、帰宅すると、その日に学校で習ってきたフレーズをステイ先の家族に話して聞いてもらうことがありました。

あるとき私が、

I'm wondering if you have...?

というフレーズを使って、

I'm wondering if you have any ear plugs?（耳栓はあるかと思っているのですが＝耳栓はありますか）

と話し、何を言っているか理解できるか尋ねたときのことです。（このセリフは、耳栓がほしくて店頭を訪れ、店員に聞いている体で話しているものです。）

私としては、発音は大丈夫か、意味は通じそうかという質問をしたつもりでしたが、返ってきたのは「もっと感情を込めて話しなさい」という答えでした。私の話し方があまりに棒読みで、耳栓を探している人の話し方に聞こえないというのです。

もともと **I'm wondering...** というのが「……かと考えている（思案をめぐらしている）」という意味を表していますから、私が話したセンテンスは、間違いなく耳栓が置いてある店を訪れて **Do you have ear plugs?**（耳栓はありますか）とか、**I'm looking for ear plugs.**（耳栓を探しています）と言っているのではなく、「取り扱いがあるかどうか心配なのですが……」というニュアンスで話すものでした。

そのため私の話し方は無感情すぎるというわけで、どうやって話すものか、お手本を見せてくれたのです。

その当時、ホームステイ先の近くにロック専門の小さなレコード店（1980年代の後半で、まだ当時はレコード盤、カセットテープ、CDが置かれていました）があり、ロックファンの私は頻繁に店内を覗いていました。

商品の販売価格も大手のレコード店より若干安く、常連客が店員さんと長話をしていくような店で、私もすっかり顔は覚えられていましたが、いつも言葉が少なく英会話フレーズ棒読みの客だったからでしょうか、店員さんたちから、ほとんど挨拶以外はされることがなかったように思います。

それでも私が **I'm wondering if you have…?** の感情を込めたバージョンでいろいろと尋ねると、店員さんの反応が違い、話が盛り上がるのでした。

「このバンドのこのアルバムを持っているのですが、これより古いアルバムはありますか」というような会話です。詳しい人にはわかるのですが、その「古いアルバム」は自主制作の入手困難品だったりするわけです。

同じときに、

Do you happen to have…?

というフレーズも使うようになりました。「(もしかして、ひょっとして)……はありますか」という意味のフレーズです。

▸ **happen to** の部分が「偶然にも、図らずも」といったニュアンスを持っています。

Do you happen to have their bootlegs?（もしかして、彼らの海賊版はありますか）

という具合に使います。

これももちろん感情たっぷりに話したこと、そしてこれ以降は、他のレコード店でも棒読みはしなくなったことは言うまでもありません。

アウトプットの機会を見つける

インプットとアウトプットという言葉を聞かれたことがあるでしょう。インプットは知識として受け入れることで、アウトプットは、それを使ってみることを意味します。どんなことでもスキルを身につけるときには、インプットをしたら、アウトプットをすることが大切です。そして英語学習については、アウトプットをする機会をどうやって見つけていくかが大きな課題です。

多くの人が、大学生になる頃までに、英語についてある程度のインプットをしていますが、アウトプットについては、まったくしていないか、インプットした量に比べて格段に少ないか、どちらかであることが多いものです。

インプットだけしていて、アウトプットをしていない。これではせっかく学んでも使えるものにならないのは当然のことです。

学ぶための教材は溢れるほどありますから、私たちにとって知識を吸収するインプットをするのは難しいことではありません。しかしながら、日常的な環境で、吸収した知識を使うアウトプットの機会を見つけるのは、簡単でないことが多いはずです。

私たちは、上達のためにアウトプットが必要となれば、どうすればいいのでしょうか。本講ではこのことについて考えていきます。

■ これまでにアウトプットの機会はあったか

スポーツで、たとえば野球を例に考えてみましょう。テレビでプロ野球の試合を見たり、ルールブックを読んだりするのは、インプットです。アウトプットは、練習をしたり、試合をしたりすることになります。

あなたならインプットとアウトプットは、どのくらいの配分が好ましいと考えますか。どちらかがゼロか、極端に少なくてもよいと思う人は少ないのではないでしょうか。

筆者が米国で会社員時代に、会社対抗でソフトボールの試合があり、ブライアンという同僚が一番バッターでヒットを打ったのですが、彼が1塁ではなく3塁に向かって走り出して、チームメイト全員がずっこけたことがありました。

筆者の世代の日本人の男子であれば、野球やソフトボールをやったことがなくても、基本的なルールくらいは知っているのが普通だと思いますが、米国では、あれだけ野球がポピュラーなスポーツであるにもかかわらず、知らない人はまったく知らず、ブライアンも野球やソフトボールのことは本当に何も知らなかったのです。

つまりブライアンは、このときインプットゼロでアウトプットをしていたわけです。

逆に野球やソフトボールでインプットだけしていても、詳しくはなるかもしれませんが、上手にプレーできるようにはならないでしょう。インプットとアウトプットは、どちらを怠ってもスキルの向上にとってはよくないわけです。

皆さんは英語に関して、これまでどのくらいのアウトプットをしてきましたか。アウトプット（何をすることをアウトプットと捉えるか）に厳密な定義はありませんが、テストに解答したことはアウトプットには入りません。

英会話学校などでの英会話の実践体験も含めて、実際にコミュニケーションを取るために英語を使った経験があれば思い返してみましょう。これまでどのくらいの機会があったでしょうか。この機会が少なければ、英語で話したり書いたりできなくて当たり前です。

つまり、これからもこの機会が少ないままだと、英語を使えるようにはなりにくいわけです。

■機会を見つけるためにしてみたいこと

アウトプットの機会をどう見つけていくかは、私たちにとって大きな課題です。

留学するなどの手段は脇に置いておき、ここでは「日本に居ながらにして」を前提として考えてみましょう。

この課題について、本書が明確な答えを持っているわけではありません。この先、ヒントとなるであろう事柄を述べていきますが、これについては誰もが自分のライフスタイルに合った方法を継続的に模索していくものだと考えてください。

すぐに理想的な機会が見つかるとも限りませんが、この課題に取り組むことは大事なチャレンジであるともいえます。

まずは、大学の英語サークルのようなところに所属することは考えられるでしょうか。筆者自身はサークル活動というものをしたことがないため、その活動内容を具体的にはイメージできませんが、英語サークルには英語を身につけたいと考えている人たちがいるわけですから、チェックしてみるとよいはずです。

たとえばですが、筆者に中国語を学ぶ必要が生じた場合、所属先の組織などに中国語サークルのようなものがあれば、「どんなことをしているのですか」と尋ねにいくでしょう。メンバーにどんな人たちがいて、どんな活動をしているのか、自分が参加したらやっていけそうなのか、といったことを知ろうとするはずです。

所属すれば中国語のわかる知り合いも増えそうですし、そうしたサークルに所属しているとなると、中国から来ている人に「ちょっと付き合って会話を教えてほしい」と頼むようなときにも、こちらが真剣であることが伝わりやすいものです。

筆者は大学院で非常勤講師をしており、中国からの留学生とも常に交流がありますから、中国語について尋ねたいときは、頼めば皆が親切に教えてくれます。

これは私が講師だからという理由だけで取り合ってもらえているのではなく、私が学部生時代に中国語のクラスを履修したことがあり、わずかですが言葉を知っていることが影響していると思います。思いつきで、おもしろがって頼んでいるのではないことが伝わっているのです。

また、もともと中国の歴史が好きで、普段から歴史上の人物の話をするのが好きなのですが、そうしたことを知っている留学生は、特にしっかり教えてくれようとするのです。

こうした意味で、普段からサークルなどに所属して学んでいることは、勉強していることのよいアピールになるのです。「何もしていない人」とは、違いが生まれるわけです。

■ きっかけを摑むためにトライする

語学を学ぶことから少し話が逸れますが、筆者は米国で学部生だった頃に、いずれ音楽業界に身を置きたいと考えていた時期があり、その世界の知り合いがほしいと思っていました。

大学でも２クラスほど、音楽関係のクラスを履修しましたが、それだけでは本格的に音楽活動をしているような人とは知り合えていなかったのです。

そこである夏休みに、ともかく毎晩ライブハウスへ行ってみることにしました。大学のサマーセッションもない暇なときに、２週間毎晩通えば何かきっかけが摑めるかもしれないと思っていたことを覚えています。

１人で寂しかろうが、ライブがつまらなかろうが、ともかくそこにいようと決めたのです。実際にしばらくの間、同じライブハウスに通ったのですが、そうするうちにライブハウスの開店から閉店まで、店がどのように運営されているのか見えてきました。

そして2週間も通わなくても、アマチュアバンドのメンバーに知り合いができていったのです。このことから直接的に何か実を結ぶようなことは起きなかったものの、一歩中に足を踏み入れた感触がありました。

私は当時ロサンゼルスのヘビーメタルシーンにはまり込んでいて、その後もラッキーなときはレコード会社の中やスタジオなど、知り合った人たちを通じて、いろんな場所に足を運びました。

ミュージシャンを見ていると、有名なプロから、そこそこ知られたプロ、無名のプロ、そして多くのアマチュアプレイヤーたちがいてしのぎを削っていました。

圧倒的に多いアマチュアのミュージシャンは、まるで受験戦争のようにロサンゼルスでデビューに挑戦して、ほとんどの人たちは時間の経過と共にその道をあきらめていきます。

一旦はデビューした人たちも、アルバム1～2枚を出した後に契約を失ってアマチュアに逆戻りしていたり、さまざまです。

そうした人たちは、いくつかのグループに分類できるように見えました。それをあえて大きく2つに分けると以下のようになります。

a. 十分な実力があり、プロになるために何をすべきか知った上で、戦略を持って、活動している人たち
b. 十分な実力はなく、プロになるための戦略もなく、活動している人たち

（aとbの間には、更にいくつかの分類を置くことができますが、便宜上このように紹介しておきます。）

aグループの人たちでもデビューさえできないことが多いように見えましたが、ともかくaのほうに属していないと、プロとして活躍していくのは難しいわけです。

このような説明をすると、ごく当たり前のことに聞こえるかもしれませんが、こんなことも私にとっては、夏休みにライブハウスに通ったときからシーンを見続けてわかったことであり、a、bなどの分類をして、それにミュージシャンやバンドを当てはめて見るというのは、独自に考えた（今自分がどんな人たちを見ているのかを把握するための）基準だったのです。

つまり、夏休みにともかく一歩踏み込むために、とりあえずできることに取り組んでみたことは、自分なりに物事を深く見ていくきっかけとなり、そうした意味で意義があったのです。

英語学習でアウトプットの機会を見つけるために、さまざまな場所に足を踏み入れるときも同じではないかと思います。

英語のサークルに入ってみて、英語学習に接する機会が増える。そこで出会う人たちが、どんな人たちなのか。たとえば、

a'. 真剣に学んで、いずれ仕事でも使うことを目指している人たち
b'. それなりに真剣ではあるが、どちらかといえば楽しむことを優先している人たち

というふうに、特徴が見えてくるはずです。

その際、自分がa'のタイプであればb'のグループでは満足できず……ということもあるかもしれません。

そうした体験をするのも、自分に合ったアウトプットの機会を見つけるためのステップだと考えられるとよいでしょう。実際に行動した人には、見えてくるものがあるのです。

■ 何かを通じて学ぶ

私たちは英語を身につけていきますが、その際には英語そのものを学ぶというよりは、何かを通じて英語を学んでいきます。

わかりやすくいえば、スポーツが好きな人はスポーツを通じて英語を学ぶべきですし、車が好きな人は車を通じて学ぶのがよいわけです。

前項に音楽シーンの例を挙げたのは、筆者がもともと音楽好きで、それを通じて英語を学んできたためです。以降は、大学の授業や就職した先の仕事を通じて学んできました。

これから皆さんは、どんなことを通じて英語を身につけていきたいと思いますか。一生続けることでなくとも、学生のうちは外国人客の多いホテルで、英語で接客のアルバイトをするといったことで十分です。

第6講などでも触れましたが、「好きなことを通じて」が大事なポイントです。好きなことであれば続けやすいからです。しかし苦手なことや、日本語でやっても苦痛が伴うことを英語でやるべきではありません。

たとえばIT関係が苦手な人が、英語をよく使うアルバイトがあるからと、それを選ぶのは考えものです。自分が自分らしく感じられることを通じて英語を使うことができれば、それが理想的でしょう。

■英語を使う仕事を望んでいれば、それが叶うことは多い

これから就職した先で英語を使って仕事をしていく人も多いと思います。英語を使う仕事や海外勤務を志望しても、なかなか希望が叶わないこともあるかと思いますが、望んでいると、それなりに機会がめぐってくることは多いものです。

筆者は2003年頃から、さまざまな製造企業でコンサルティングや研修業務を請け負ってきましたが、今日でも外国語がわかる人たちや、海外業務を志望する人材は不足していることが多く、企業によって状況は異なりますが、志望すればすぐにでも海外業務にたずさわれるような業務の現場は多くあるように見えます。

筆者が米国で勤めていた会社を退職して、日本へ帰国して仕事を探したとき、転職先の条件として挙げていたことの1つは、海外事業を担当する部門への配属を確約してくれる会社であることでした。

私は自分のキャリアからして、企業が自分を採用してくれたときに、海外部門へ配属されるのは当然のことだと思っていたのですが、面接な

どで話を聞いてみると、同じように考えてくれる企業は、なかなか見つからなかったのです。

当時の私にとって、それは実に意外なことでした。面接を受けた企業のほとんどが、採用になったら、まずは数年間、国内業務で会社の業務を理解してから、海外業務担当になるかどうかを検討するというのです。

私は、それを考え方としては理解できたのですが、すぐに海外事業にたずさわることを希望していましたから、このときはかなり困ったのを覚えています。

それでも就職活動を続けていると、海外事業部員を募集しているという会社があり、結局私は「年に2、3回は海外出張がありますが、それは差し支えありませんね」と念を押されるような形で、そのメーカーに入れてもらうことになりました。

このときのことは、今でも時折思い出します。一時は希望するような転職先はないと思える状況になっても、希望する職場はちゃんと存在していました。そうした機会は見えやすいところにあるとは限らず、すぐには顔を出してくれないかもしれません。もちろんタイミングも関係していることです。

英語を身につけた人材には、これからも需要はありますから、よく勉強して、採用してもらえるような力を持って望み続ければ、機会がめぐってくる可能性は大いにあるはずです。

私は米国の大学へ留学し、卒業後は現地で働いていましたから、その時期にも苦労しながら英語を覚えました。それでも国際的な業務にたずさわり、グローバル人材育成の専門家として身を立てるのに必要な英語力は、日本に帰国してからのメーカー勤務時代と、その後のコンサルティング団体勤務時代に培うことができたと思っています。

つまり、それらの時期の仕事を通じた英語のインプットとアウトプットは、自分のスキル向上にとってたいへんに重要なものだったわけです。

日本に帰国して就職活動をしていた時期には、英語を使わない仕事や、海外に関連しない仕事をするのは考えられないことでした。そのため自分は英語を使って海外業務をするものと信じて疑いませんでしたし、それはコンサルタントになったときも同様でした。

そのように強く望んでいたからこそ、それぞれの時期に英語で仕事をし、仕事を通じて英語を学ぶ機会もあり続けてくれたのだと思います。

これは私と同僚だった人たちや、クライアント企業の従業員の方々にも多いパターンだと思います。難しい話ではありません。「絶対英語（を話したい）」「絶対海外（勤務をしたい）」と言い続けていると、本当にそうなる人は多いのです。

本講の Point

◎スキルを身につけたければ、インプットとアウトプットは両方必要である。どちらかに偏っているのは好ましくない。

◎アウトプットの機会を見つけるためには、行動が必要になることもある。

◎自分の好きなことを通じて、アウトプットをしていければ理想的である。

Exercise

答えのない演習問題

1人または
グループで
考えてみよう

Q. 13-1

これまでインプットとアウトプットの両方をしてきたことはありますか。それは具体的にはどのようなことでしたか。それぞれの割合も合わせて思い返してみましょう。

考える
Hint

スポーツでも、ゲームでも、上達を心掛けて取り組んだことがあるのではないでしょうか。難しい勉強や訓練を伴うものでなくても大丈夫です。楽しんで行ってきたことは、むしろインプット、アウトプットなどと考えずにやってきているかもしれません。

Q. 13-2

これからどうやって英語のアウトプットの機会を見つけていくか、「日本に居ながらにして」を前提に、いくつもの案を出してみましょう。「何を通じて学んでいきたいか」についても熟考してみましょう。

考える
Hint

簡単に答えが浮かんでこなくても、それが普通だと考えましょう。案が浮かんだら、それが実現しにくいと感じても、すぐに却下してしまわず、実現するために工夫ができないか知恵を絞ってみましょう。

Column

フレーズを覚えるまでは、間違いや勘違いだらけ

Are you still open?（まだ開いていますか）

とても簡単なフレーズに感じると思いますが、これは私が留学して米国で生活をはじめた頃、言えずに困ったフレーズです。

はっきりと覚えているのは、自動車販売店に中古車を見にいったときです。

夕方で業務がおわりそうな雰囲気でしたので、接客の担当者に「もう業務はおわりですか」と聞こうとしたのですが、何と言えばいいのかわからなかったのです。

それで「仕事はおわりですか」という意味で Are you finished? と言ってみました。相手は売る気満々のセールスマンで、親切に取り合ってくれようとしているのですが、意味がわからなかったらしく、「Finished? Finished って、どういうことかな」とリアクションしていました。

私は「まだお仕事中ですか」と聞けばいいかと思い（というよりも、それしか思いつかず）、Are you still working?（まだ働いていますか）と言ってみたのですが、これが「まだこちらにお勤めなのですか」という意味にでも聞こえたのでしょうか、またさっぱり意味がわからない様子で、お互いに困ってしまいました。

その後、超ストレートに、I want to buy a car.（車が買いたいのです）と言うと、私が何をしに来たのかは、さすがに100％通じた様子でしたが、この際には自分の英語の通じなさを実感したものです。私は買いたい側で、相手は売りたい側。しかも売りたい側の人はかなりフレンドリーです。そこで「まだお店は開いていますか」と聞いても通じないのですから情けなくなってしまいます。

Are you open?（開いていますか）

Are you closed?（閉まっていますか）

こんなフレーズでも、聞いたこともなければ話すことはできないので

した。Open や Close と言えばよいのだとは、ホームステイ先に帰ってから聞いたような気がします。

しばらく後の話ですが、あるときいつも立ち寄っていたレコード店（第 12 講のおわりのコラムにも登場）に入っていくと、店員さんが **You know we are closing, right?**（閉店するのを知っているよね）と言うのです。

そのとき私は、まだ昼間なのにおかしいなと思いながら、**I didn't know it. At what time?**（知りませんでした。何時に）と聞くと、店員さんは **Oh, well... I mean we will close our store soon.**（あ、あの、もうすぐ商売をやめるという意味です）と言ったのです。

私はお店のファンでしたので、同じ **close** でも、そちらの **close** かとショックだったのを思えています。

間違いや勘違いばかりですが、振り返ってみると、こんな体験の繰り返しで言葉を覚えてきたのかと思えています。

丁寧な言葉遣いを身につける

丁寧に話すフレーズを紹介していきます。きちんと丁寧に話すとはどういうことか考察していきましょう。その大切さについても理解できるようになります。

本講では「丁寧な」話し方について、具体的に、その表現などを学んでいきましょう。本講には難しい表現や言い回しは登場しませんから、その点は安心して取り組んでください。

日本語を話す外国人と接したことのある人は思い浮かべてみてください。その方は、ですます調で会話のできる人でしたか。「いつ頃、日本に来たのですか」と尋ねたら、どんな話し方で返事が返ってきそうでしたか。

「うーん、1年前……」とか、「まだ最近」とだけ答えるようでしたら、(友だちとして、わざとフレンドリーに話している場合は別として、)ここで言う「きちんとした丁寧な話し方」はできていません。

「はい。おおよそ1年前です」と答える人でしたら、ある程度はきちんと話せるか、そうなるために勉強している人でしょう。

ビジネスパーソンとしては、どちらの話し方をする人が好ましいか説明の必要はないと思います。

私たちが英語で話すときも、ビジネスパーソンとしてやっていきたければ、“About a year ago...” とか “Just recently...” と言うだけでなく、“Yes, I came here about a year ago.” という具合に「きちんとした」受け答えをすべきなのです。

■ まずは返事の仕方から

はじめに返事の仕方から見ていきましょう。

英語圏で生活していると、Yeah（「ヤァ」とか「イャ」と聞こえる）という返事や相づちを聞くことが多いかと思います。

このYeahは、学生としてキャンパスで過ごしていても、それ以外の場所にいても、普通に皆が使っていて、それほどくだけた表現には感じないかもしれません。

大学のキャンパスで職員と事務的な手続きをするときも、郵便局や銀行の窓口でも、係の人たちは、普通にYeahと返事をしているかもしれません。

土地柄やシチュエーションにもよりますが、Yeahという返事や相づちは、日本語の「はい」と「うん」の中間くらいに位置しているような言葉だと言えます。

しかしながらYeahというのは、あなたが就職の面接で使う言葉ではありませんし、就職してからも、上司や顧客に対して使うような言葉ではないことを覚えておきましょう。

職場にフレンドリーな雰囲気があって、Yeahと返事をしてもおかしくないこともあるとは思いますが、ビジネスパーソンとしてはYesと述べるのが常識的で、そうするように心掛けていることが大切です。

返事の仕方くらいは大目に見てくれる人がいる一方で、それだけでNGを出されることもありますから要注意です。

× Yeah
○ Yes

「Yeah の何がわるいのか」と思えてしまった人にも、ビジネスパーソンとしての無難な言葉遣いや話し方をお勧めしておきたいと思います。

■ 言葉遣いを知らない学生

筆者は大学院で非常勤講師として、春学期と秋学期にクラスを１つずつ受け持ち（本書が刊行される時点で）14 年目になります。

春学期は学部を卒業したばかりの大学院生と社会人院生が一緒に履修するクラスを日本語で担当し、秋学期は留学生向けのクラスを英語で担当してきました。この他にも、留学生が学生数の半分を占める別の大学の学部で３年間（毎年１クラス）、英語による授業を担当したことがあります。

この経験を通じて、たくさんの学生の皆さんと接してきましたが、多くの学生が立派で頼もしいと感じる一方で、社会に出るまでに言葉遣いも含め、かなりの勉強が必要と感じる学生もいます。

たとえば学部の留学生で覚えているのは、授業の合間の休憩時間に、遅刻してきた本人が近づいてきて、自分の名前を記載する出席カードを受け取ったかと思うと、講師の私に Can I borrow your pen? と言ったことです。名前を書くためのペンを貸してくれというわけです。

私はこうした際に、遅刻してきて講師の手を煩わせている上に、講師からペンも借りようとすることが、いかに非常識なことかをはっきり伝えます。それにより学生も、自分の言動がおかしことにようやく気づくようですが、それでも本人はその言葉遣いの不適切さについては気づいていないようです。

Can I borrow your pen? というのは、本人は悪気なく使っていますが、目上の人に何かを頼むときの話し方ではありません。

英語の参考書などにCan I borrow...? とあれば、日本語でも「……を貸してもらえますか」といった具合に、ある程度丁寧に見えてしまう和訳が書かれていることも多いのですが、実際のところ、こんな話し方は「ペン貸してくれる？」というニュアンスの話し方であって、学生から講師へのお願いの仕方としては、相当に横柄なのです。

ペンを借りたいような場合、たとえばホテルのフロントで尋ねるようなとき、つまり自分が顧客であるときでも、少なくともCan I borrow a pen, please? と述べるべきです。May I borrow..., please? ならもっと丁寧ですし、本当に何かの理由があって、学生が講師にペンを借りたいとなれば、

Excuse me, but...（すみません）
I know this is very impolite,（たいへん不躾ですが、）
but do you think I can borrow your pen, please?（ペンをお借りすることはできますでしょうか）

くらいは、言わないといけないところです。

大学生であれば、（少なくとも母語では）このくらいのことが言えないのはおかしいですし、ビジネスパーソンなら当然に述べるべき手合いのことです。Can I borrow your pen? というのは、まるで小学生のような話し方だと認識すべきです。

大学院生となれば、学部からすぐに進学していてもそれなりの年齢なのですが、言葉遣いが幼稚と言わざるを得ない学生は、残念ながら多くいます。

私が英語で話すのは留学生（と留学生向けのクラスを受講する日本人学生）だけですが、彼らには英語がわかっていないというよりは、「言葉遣い」がわかっていないことがあるのです。

たとえば、彼らは何か疑問があるとWhy?（なぜ）と言うことがあります。少し丁寧に

Why is that?（それはなぜですか）
May I ask why?（なぜか伺えますか）

と話せないわけではないのでしょうが、そうしたフレーズを普段から使っていないので、口から出てこないわけです。

May I ask the reason why?　If you don't mind...（理由を伺えますか。もし差し支えなければ……）
というのが、彼らの使うべきフレーズで、もちろんこのように感じよく話す人もいるのですが、そうは言えない学生が多いのです。

読者の皆さんも、こうした点を見られていることを意識してください。世の中には丁寧さのない話し方が似合う人たちもいます。しかしながら、少なくともビジネスパーソンとしては丁寧に話すことは大事で、人としての教養があるかどうかを判断する材料にもされることを覚えておきましょう。

■「きちんと話す」とは、どういうことか

ここからは会話フレーズ（センテンス）の例を見ながら、丁寧な話し方についてイメージを捉えていきましょう。「きちんと話す」とはどういうことか理解できると思います。また、それには特に難しい表現が必要でないこともおわかりいただけるはずです。

Water, please.（水、お願いします）
こう言えば、確かにその意味は通じますが、もっと丁寧に話す訓練をしましょう。

Can I have some water, please?（水をください）
Can I have... よりも
Could I have... のほうが丁寧な表現になります。

Could I have some water, please?（水をいただけますか）

　更に丁寧にすると、たとえばこんなふうに言えます。
Do you think I can have some water, please?（水をいただくことはできますか）

　尋ね方が丁寧だと、返事も丁寧にしてもらえるものです。

　一緒のテーブルにいる人に、
Pass me the mustard, please.（マスタードを取ってください）
と頼むのは、Pass me..., please. という決まり文句として普通の話し方といえますが、これもより丁寧に話しましょう。

Could you pass me..., please.
Would you pass me..., please.
とするほうが丁寧です。

　このように頼まれたら、渡してあげるときは、「はい、どうぞ」という意味のことを述べます。英語の会話で、それを無言でするのは、失礼にあたると考えてください。

　「はい、どうぞ」は、
Here you are.
と言うのが普通です。
　目上の人などには、
Here you are, please.
と述べるようにしましょう。

Here you go.
や
Here.

と言うのは、だいぶフレンドリーな表現と考えましょう。

There you go.
There you are.
という言い方もします。これらはHere you are. よりも少し時間がかかったときなどに使います。

■ もう少し例を見てみよう

更に例を見ていきましょう。

What did you have for lunch?（ランチには何を食べましたか）
と尋ねられた際の受け答えです。

Pizza.（ピザ）
と一言だけ答えることもできますが、ここまで読み進んできたら、もっと言葉を足したくなるはずです。

I had pizza.（ピザを食べました）
I had pizza for lunch.（ランチにはピザを食べました）
といった受け答えをするようにしましょう。

Yes. I had pizza for lunch today.（はい。今日のランチはピザを食べました）
と、このくらい話すと、だいぶ丁寧な印象を与えるはずです。

日本語の敬語に相当する英語の話し方とは、センテンスを用いたきちんとした話し方です。もう１つの例を見てみましょう。

What time did you come to the office today?（今日は何時にオフィスに来ましたか）

以下の3つのパターンの答え方を見てみます。

Eight.（8時）
Eight o'clock.（8時）

これらの返答の仕方は、もちろん意味は通じるのですが、ビジネスパーソンとしては、次のセンテンスのように「きちんと」答えるよう心掛けましょう。

I came at eight o'clock today.（今日は8時に来ました）

■ 道を尋ねる／道案内での丁寧な話し方

第9講で「道を尋ねる／道案内をする」というテーマで、いくつかのフレーズをカバーしました。ここでも似たような例を見てみましょう。

Excuse me. Do you know where the station is?（すみません。駅はどこかご存知ですか）

Yes.（はい）

Could you tell me how to get there, please?（どうやっていくのか教えていただけますか）

Yes. Just go straight on for a few blocks, and you will see the station.（はい。ここを2, 3ブロックまっすぐ行くと、駅が見えます）

Thank you.（ありがとうございます）

You're welcome.（どういたしまして）

尋ね方、答え方のスタンダードと言える会話になっています。もう1つ見てみましょう。

Excuse me. Could you please tell me the way to the student union?（すみません。学生会館への行き方を教えてくださいませんか）

Sure. Just go straight ahead here, then you will find the building on your right.（もちろんです。ここをまっすぐ行くと、右に建物が見えます）

Thank you very much.（どうもありがとうございます）

You're very welcome.（どういたしまして）
▸ very を入れることで、強調しています。

答える（教えてあげる）側である場合にも、丁寧に話すことを意識しましょう。

■……してもよろしいでしょうか

Do you mind if I use this chair?（この椅子を使ってもよろしいですか）

No. Please go ahead.（はい。どうぞ使ってください）
Not at all.（まったく大丈夫です）

Do you mind if I...? あるいは Would you mind if I...? は、「私が……してもよろしいでしょうか」と丁寧に尋ねるフレーズです。

直訳すると「私が……したら気にしますか」という意味で、これに対する返事は、気にしなければ No. (I don't mind. あるいは I wouldn't mind.) となります。

逆にそうされたら困る（気にする）場合でも、Yes. と答えるのはきつい印象を与え、ケンカ腰とも捉えられますから注意しましょう。

Do you mind if I...?　Would you mind if I...? に対しての Yes. No. での返答の仕方は、以上が基本ですが、Do you mind if I use this chair? と尋ねられて、「大丈夫ですよ」という意味で、Sure.（もちろんです）、

Off course. You can go ahead.（もちろんです。どうぞ使ってください）などと答えることもあります。

■お礼／お詫びを丁寧な言葉で

ここからは「お礼」と「お詫び」の丁寧なフレーズ（センテンス）を紹介しておきます。特にお礼のフレーズは「こう言われて嫌な気のする人はいない」一言ばかりで、関係性も円滑にしますから、ぜひ覚えて使いこなしましょう。

●お礼を述べるとき

Thank you for your time.（お時間をありがとうございます）

Thank you for taking the time for me.（私のためにお時間を割いていただき、ありがとうございます）

It's very kind of you.（たんへんご親切に）

I appreciate it.（感謝します）

Thank you just the same.（〔それでも同様に〕ありがとうございます）

▶尋ねても相手が知らなかったとき、答えられなかったときなどに使います。

●謝るとき

Excuse me.（すみません）

I'm sorry（すみません／申し訳ありません）

「本当にすみません」というニュアンスを表す表現です。

I'm so sorry.

I'm terribly sorry.

たとえば、飛行機の中で誰かの席に座ってしまっていて、「それは私の席です」と言われたとしましょう。それで自分の間違いに気づいてOh, I'm sorry. と言ったとします。

それに対して、「それは私の席です」と指摘を受けた後も、それは自分の席だと思えて「これは私の席ですよ」と言ってしまった。そしてその後ようやく、それが自分の席ではないことに気づいたとします。その際には、I'm so sorry. あるいはI'm terribly sorry. などと言うものです。

I'm sorry to keep you waiting.（お待たせしてすみません）

I apologize.（お詫びします）

I apologize for the mistake.（ミスをして申し訳ありません）

口にして練習するときには、棒読みにならないよう、それなりの感情を込めて話すようにしましょう。日本語でも同じことですが、丁寧なセリフでも無表情で棒読みしていれば、本当にそう思っているのか疑われてしまうものです。その点に気をつけてモノにしていきましょう。

本講の
Point

◎返事の仕方についても、丁寧さを意識すべきである。

◎ビジネスパーソンには、丁寧できちんとした話し方が必要。どんな言葉遣いをする人かを周囲は見ている。

Exercise

答えのない演習問題

1人または
グループで
考えてみよう

Q. 14-1

これまでに外国人と英語で会話をしたことがあれば、相手がどんなフレーズで話していたか思い出し、どのくらい丁寧な（あるいはその逆の）表現が使われていたか考えてみましょう。

考える Hint

旅行先でも、学内でも、どこでの会話でも大丈夫です。たとえばPlease.と言われたことは、ありましたか。

Q. 14-2

日本語では普段、丁寧さを意識して話していますか。

考える Hint

これから学んでいく英語を母語よりも丁寧に話すのは難しいものです。母語ではどのくらい丁寧に話しているか（あるいは話していないか）を考え意識を高めましょう。

Column

「慎重に使いたいフレーズ」—— 相手が思わぬ反応をしていた

米国での学生時代の話です。あるとき大学のキャンパスで、アジアからの留学生のクラスメイトと立ち話をしていました。そのとき彼女は自分のルームメイトを見つけると、渡したいものがあったらしく、私に **“Just one second.”**（一瞬だけ待って）と言って、ルームメイトのところに駆け寄っていきました。2人の姿は見えていて、何か話をしているのですが、なかなかこちらに戻ってきません。私のクラスメイトのほうは私を意識していますが、2人の会話がおわる気配がありません。

その辺りに腰掛けて待っていると、しばらくして彼女が戻ってきました。どうしたのか聞いてみると、ルームメイトと口論になったとのこと。

普段であれば、私も「ひょっとしてボクのことを取り合おうとして揉めてたの？」くらいの軽口を叩くところですが、彼女は苛立っており、そんな冗談を言える雰囲気でもありません。

なぜ揉めたのか聞いてみると、彼女のルームメイト（地元ロサンゼルス出身の女性）が、私のクラスメイトが書き置きしたメッセージの文章に怒ってクレームをしてきたというのです。

何を書いたのか聞くと、「○○の場所を動かさないで」という意味で **“Don't touch ...”** というメモを書いたらしいのですが、それについてルームメイトが **“Don't ...”** なんて書くのは失礼だと言って、口論になったとのことでした。しかも私のクラスメイトは、**Don't** の部分を大きく強調して書いたらしいのですが、何も悪気はなく、一体何がわるいのだと逆ギレしていたのです。

その様子を見たルームメイトは、それまでよりもっと怒ってしまい、少なくとも **Please** とは書くべきだと言ったとのこと。

その際には、私も **“Don't”** という一言が相手をそこまで怒らせることに驚いたのですが、追って言葉遣いというものを知れば知るほど、そのときのルームメイトの気持ちがわかるようになったものです。

「○○するな」と書いた（しかも「するな」の部分を強調した）メモが置かれていれば、いくら相手が留学生で言葉をよく知らないとわかっていても、気をわるくする人はいるものです。

このときの私のクラスメイトは、当時の私と同じで、"**Don't**"という言葉の持つネガティブなインパクトを十分に理解していなかったのです。

このように勉強中の言語で悪気なく述べたことが、人の気分を害してしまうことは時折起こりますから注意したいものです。

Don't... はもちろん、他にもたとえば **I know.**（わかっているよ）とか、**I told you.**（そう言ったでしょう）といったフレーズは、特に注意して使うことをお勧めします。

それから随分と時間が経ってからですが、このエピソードを思い出すことがありました。ある職場で1つの部屋を数人が共有していたのですが、そのうち1人が私のロッカーにメモを張っていたのです。

そのメモは、コンピュータでタイプし、それをプリントアウトしたものでしたが、そこには「この部屋のドアに決して鍵をかけないでください」という意味のことが、「絶対に」「やらないでください」「困ります」といった言葉を使って書いてあったのです。そして所々を大文字にしてあったり、色で強調されていたりもします。

私はその部屋に鍵をかけたこともなければ、そうしようと思ったことすらなく、そのことはメモを書いた当人も知っているはずです。また、私が鍵をかけたと勘違いしているわけでもありませんが、どういうわけか、こんな文章を書いて人のロッカーに貼りつけているのです。

そのメモを書いた人が単に未熟で、「この部屋には鍵をかけないことになりました。ご存知かと思いましたが、念のためお知らせしました」と控えめに書けないことはわかりましたが、そのメモを見たときには、よくこんなに失礼なことをするものだと思えましたから、あのとき若い2人が口論になったのも、あり得る展開だと思えたのです。

言葉は間違いながら覚えていくものでもありますが、できるだけ気をつけて適切な言葉遣いをしたいものです。

Epilogue
——あとがきにかえて

本書は英語の学習法を紹介する本ですが、学習法の本というのは、有名人のものでもなければ、あまり売れるものではなく、そのため1冊の本として簡単に出版が叶うものではないようです。

著者の私自身が英語学習をはじめた10代の頃に読んだのも、学習法の本ではDJでタレントの小林克也さん、朝のテレビ番組で英会話のコーナーに出演されていたアントン・ウィッキーさん、グアムやハワイで育ったというタレントの早見優さんが書かれた本で、このようにテレビなどで親しみを持っている方たちの本以外は、手に取ってみたいとも思いませんでした。

そのため私は、2004年に書籍の執筆をはじめてから「英文ビジネスEメールの書き方」「トヨタ生産方式の英語」「ものづくりの英語」というテーマの英語学習本は継続的に書かせていただいてきましたが、学習法の本の執筆を積極的に考えることはありませんでした。

「私の紹介する学習法」だから本になりにくいという面もあります。それは私の伝えるノウハウが、ごく普通で当たり前のことばかりだからです。

あっと驚くような新しいメソッドがあるわけではなく、簡単に覚えられるとか、短期間で身につくといった、人の目を引くキャッチーな内容でもないからです。

本書をお読みいただき、おわかりいただけたと思いますが、私は昔も今も変わらず役立つ本当のことだけを伝えています。これが残念なことに、本を売りたい人たちにも、選びたい人たちにも、新規性がなくつまらないと受け取られてしまうことは多いと思います。

これまでに執筆した本のコラムや雑誌の連載記事などには、英語習得のノウハウを少しずつ書いてきましたから、それらを総合的にまとめて紹介したい気持ちはどこかにあったものの、こうした理由により、学習法を1冊の本にまとめて出版することは、あるときから考えなくなっていました。

しかしながら、その一方で、大学院で担当している授業の中で英語学習法をカバーすると毎回よいレスポンスをいただき（慶應義塾大学大学院システムデザイン・マネジメント研究科では、本書が刊行される時点で14年間継続して、同テーマを担当する授業の一部において扱ってきました）、民間企業における研修や公開研修（セミナーを開催する業者が参加者を募って行う研修）でも英語学習法は好評で、大学院での講義よりも長い間続けて扱っています。

実用的な英語を身につけるための学習法は、本にしても大ヒットすることはない地味なテーマですが、学びたい人たちからは強く求められるテーマで、十分かつ丁寧な説明を必要としている人が多いことは長年実感していたのです。

このことを考えると、やはり学習者が手に取りやすい形、すなわち1冊の本としてノウハウをまとめるのには意義があると感じたことから、慶應義塾大学出版会さんにお願いし、相談に乗っていただきました。

その際、同出版部の奥田詠二さんからご提案いただいたアイディアが14コマの授業を行うスタイルでの執筆、すなわち本書で皆さんにご覧いただいた第1講から第14講の授業による英語習得ノウハウの紹介です。

■「やる気」の測り方

第1講から第14講には書かなかったことで、やはりおそらく当たり前の話として「やる気の問題」があります。これについて少しお話ししたいと思います。

本書では英語を身につけるためのノウハウを丁寧に解説しましたから、やる気のある人たちには必ず役立てていただける点があると思います。

しかし、残念ながらやる気のない人たちには、（本書に限ったことではありませんが）有益に活用するのは難しいでしょう。

私は企業からの依頼で、年間を通じたグローバル人材育成の研修を請け負い、その中で「英文ビジネスＥメールの書き方」や「トヨタ生産方式の英語」を教えることがあります。しかし、やる気のない人たちには誰がどう教えても、そうしたスキルを習得させることはできません。

やる気がなければ本書が説明しているようなスキルの習得も、はじめから無理があります。

やる気がないことが、必ずしも不真面目だということでもありません。

企業で英語学習を勧められたり、あるいは強制されている人たちの中には、講師の私から見ても「この人はやらなくてもいいのに」と思える人が結構いるものです。仕事で実際に使う機会のない人や、語学の学習が向いていないとわかる人もいるからです。

一度、長く研修を受け持っている企業で、顔見知りの社員から相談を受けたことがあります。その人は周囲からの信頼も厚い優秀な社員で、私もお世話になっていましたが、会社から英語学習を勧められているものの、なかなか時間が取れず悩んでいると言うのです。

彼は、会社が英語学習を勧めるのも、必要性も理解できるが、実際に勉強しようとしても、それに充てられる時間がないと話し、自分の１週間の生活スケジュールを細かく説明してくれました。

会社での業務以外に、家庭では育児があり、休日にも諸々やることがあり、どうやら睡眠時間を削る以外に、勉強に充てられる時間はないようです。そのため英語を学ぶためにはどうすればいいのか、他にも自分みたいな人はいるのではと尋ねられたのです。

私は、彼が会社の中で、無理して英語を学ばなくてもよい立場にいるとわかっていましたから、あえて「無理をせず、できる範囲内で学ばれてください」「ご担当の業務と育児や健康を優先されてください」と話しました。

しかしながら、やる気のある人とは、どういう人かというと、生活のスケジュールからできないことを確認するというよりは、どんな状況でもとにかくやってしまう人なのです。
　もちろん私は育児や介護をしている人が、やる気さえあれば勉強できるなどとは考えていませんし、そんなことを言うつもりも毛頭ありません。
　それでもやる気のある人というのは、ともかくやりたくて、ある時期を避けないといけなかったとしても、機会を見つけてやってしまっているものです。

　私は昔、ミュージシャンになってレコードデビューをしたいと考えていた時期がありました。その後、あきらめて学業に専念することになりましたが、実はこれまでに自主制作のアルバムなどをつくろうと思えば、そうする機会はいくらでもありました。
　現在もそうですが、私には有名なプロも含むミュージシャンの知り合いが何人もいますし、スタジオのオーナーやエンジニアにも知り合いがいます。そのためその気になれば、お気に入りのミュージシャンに手伝ってもらって、ソロアルバムを制作するくらいは十分にできるのです。
　私は現在でもライブハウスを覗くのが好きですし、自分のCDがつくれたらいいなと思っています。それでも私は未だかつてそれに取り組んだことがありません。それを考えはじめると、予定で一杯の自分のスケジュールが頭に浮かんできてしまうのです。
　もう読者の皆さんもおわかりでしょう。そうです、それでも私はやる気さえあれば、自主制作のアルバムの2、3枚は、すでにつくっていたに違いありません。やる気というのはそういうものです。

　英語について、あなたは次のどれに当てはまりますか。
　a. できなくてもいいと思っている
　b. できればできるようになりたい
　c. どうしてもできるようになりたい
　d. 英語をモノにしなくては自分ではない

私は大学院のクラスでも同じ質問をしますが、私のクラスでは、ほとんどの人がｂかｃと答えます。

次に聞く質問は「それでは英語の習得は、皆さんがやりたいことの中で、何番目くらいの優先順位にあることですか」というものです。そうすると「真ん中くらい」か「まあまあ上のほう」という答えが多いのです。

私のクラスを受講する人たちは、他に専門的な分野を（人によっては複数）持っている人たちが多いですから、それが正直な答えだとは思いますが、私から見ると１番上か、２番目というのが、やる気があるという答えなのです。

たとえば週に１、２回、１時間の英会話レッスンを受けていて、他に英語の勉強はたまにするだけという人は、やる気のある人でしょうか。その人がどんどん上達していく姿は想像しにくいのではないかと思います。

それでは英語学習の優先順位が、やりたいことの中で１番でも２番でもないときには、どうしたらよいのでしょうか。

その場合には、時期を見計らって、一度生活の中心に英語学習を置いてみることをお勧めします。長期間そうしているのは難しいとしても、できれば一定の期間、自分が取り組むものとして英語学習を最優先することで、やる気がある人が取り組んでいる状態をつくり出します。そうすることによって英語学習に没頭し、成果や、あるいはその先の学習のヒントを見出せるようになるはずです。

第７講で紹介した「ラムネ方式」や「インテンシブ学習」などは、そうした取り組みの機会や、またはその一環として活用していただければと思います。

■ 止めることはできなくなった

英語について、著者の私はｄのように思っていたわけです。机に向かって試験勉強に一生懸命になるタイプではありませんでしたし、やる気のあることが立派なことだと思っていたわけでもありません。英語を学ぶというと、有意義な勉強をするような響きがあるかもしれませんが、それは単に道楽であることも多いと思っていたくらいです。

私の場合は、ある意味で現実から逃避するために、米国だの英語だのと考えていたように思います。それらには子供の頃から嫌いだったことに対する反発として飛びついたような面があります。

たとえば、私は現在でも子供の頃からの知り合いには、机に座って執筆をしていることが信じられないと言われるほど、スポーツや遊びで外を飛び回っている子供でした。特に野球には夢中で、野球をプレーすることが自分の世界の中心にありました。

しかし、私は中学1年で入部した野球部を半年ほどで辞めることになります。それは野球が嫌になったからではなく、1年生はグラウンドを均したり、球拾いをするだけで練習に参加できない、先輩が後輩にやたらと威張っているといった、野球部にあった私には理解不能な慣行に反発したからです。

私にはそんな慣行にしたがうことも、そうした中に身を置いて後輩に同じ想いをさせることもできませんでした。

小学生の頃は、4年次から野球部に入りましたが、4年生も5年生も6年生もそれぞれチームをつくり、学年別に練習も試合もしていました。なぜ中学ではこんなことになってしまうのでしょうか。

私はその後、1年次から練習はもちろん試合にも出場できる陸上部などでスポーツは続けましたが、野球部にあった慣行をはじめとする学校での納得のできない規則などを「日本という国のわけのわからない古い慣行」と考え、それらに対しては戦うか避けるかどちらかの態度を取っていたのです。

そして、それが世界的なジョギングブーム（だったと思います）の中にあった、当時のスポーツ雑誌の記事などから伝わってくる、米国の大学の陸上部の自由な雰囲気などへの憧れに変わっていったのです。

実際のところ、米国へ行けば日本にいるのと同様に、それなりに理不尽なことはあるわけですが、当時は米国へ行けばすべて解決するか、雑誌記事の中の写真でこちらに微笑みかけている大学生たちが、実際に自分にやさしく笑いかけ、困ったことがあれば相談に乗って助けてくれるような気がしていたのです。

後々になって考えてみれば、そのときは頭の中で現実から逃避することを考えていただけですが、長い間そう思い込んで、憧れた米国へ実際に渡ってしまえば、そこで暮らすことや英語を身につけることを「嫌になるわけにはいかない」となってしまったのです。

したがって、私の場合は、満たされた自分に英語を学ぶためのやる気がくっついていたというよりも、もう少し屈折した形で、やらなくてはならず、モノにしなくては自分自身が成り立たないものとして英語があったのです。

私は英語学習を止めたいと思ったことは一度もなかったものの、決して物事がすべてスムーズに進んだわけではなく、米国での生活に行き詰まって、途中で帰国したくなったこともありました。

そうしたときに、なぜだかよく思い出す本の一節がありましたので、ここで引用させていただき、紹介したいと思います。高校生のとき読んだサザンオールスターズのベーシストである関口和之さんの著書『突然ですがキリギリス』（集英社、1983年）からです。

移動だけですっかり疲れきってしまった。むごい。こんな話はなかなかないだろう、と思った。

コンサート直前に雨が降りだした。雷も鳴りだして、すごい嵐になった。

僕は、江ノ島でやったジャパンジャムや去年の西武球場、名古屋城公園のコンサートなどを思い出していた。今までのどの雨よりも冷たかった。

でも僕たちはヤルんだろうな、と思った。それがミュージシャンだもんね。
そういえば、学生のころは授業をサボってばかりいたけれど、その口実に、
「俺はミュージシャンだもんね。勉強しなくたっていいんだ」
といっていたのを急に思い出した。
そうか。こういうときにガンバるために、あのころはあんなにいい加減でいたのか、俺たちは……とヘンに納得した。

これはサザンオールスターズがデビューして、まだ5年目くらいの頃に出版された本で、関口さんが学生時代からのことを回想されていたものです。

私は、小学生の頃に発売されたサザンオールスターズのデビューアルバムから、高校3年のときに出た『KAMAKURA』というアルバムまでを聴いて、コンサートにも足を運んでいたファンで、メンバーの著書などもすべて読んでいました。

その後、自分のことで少し疲れたと思うことがあると、なぜかこの文章の最後の6行と、これをはじめて読んだときに、「自分もいつかこんなふうに踏ん張って何かを乗り越えようとするときが来るかもしれない」と感じたことを思い出したものです。

■ ナンバーワンになる ——英語をマスターして、頭角を現すためには

最後に皆さんに英語を身につけてナンバーワンの実力を目指すことをお勧めしたいと思います。

本書を手にされた方々の多くは、これから英語学習をはじめるか、まだ勉強の途中の段階にいらっしゃると思いますが、ある程度の実力がついたと感じはじめたら、このことを考えてみてください。

ナンバーワンの実力だなんて何を言っているのだろう。シンプル・イ

ングリッシュを学ぶのを勧めておいて、ネイティブスピーカーのそれとも違うのにと思われるかもしれません。
これについて少し説明しましょう。

日本へ来る留学生、とりわけその数も多い中国大陸からの留学生の多くが、短期間で日本語を相当上手く話すようになります。しかし私は常々、彼らが中国へ帰国して日本企業に勤め、中国を訪れる日本人のビジネスパーソンから「日本語がお上手ですね」と感心され、それで満足しているとすれば、それは実にもったいないことだと考えています。
努力して覚えた外国語を使って活躍しているのは立派なことですが、その日本語の力に彼らは一層の付加価値をつけることができると思うからです。

そのため私は、留学生に以下のようなキャリア形成の話をすることがあります。
留学をおえて帰国する人たちは、日本語が上手になったとはいえ、書くほうはまだまだの人がほとんどですし、話すほうもたとえば国の政治や経済にかかわる分野で間違うことのできない通訳を任せられるかというと、それにも力は足りないでしょう。
しかし、彼らは自分の専門的な分野を持って、そこでナンバーワンになることはできます。
あくまでも私が考える１つの例としてですが、彼らには卒業後に日本の一流ホテルに就職して仕事を覚えるようなキャリアのつくり方について話します。
そうしたホテルに勤めると、宴会や集会などの行い方にしても、接客の仕方にしても、日本流の、しかも一流のやり方を見て学ぶことができるわけです。合わせて敬語などの言葉遣いについても実地で覚えることになります。
それを何年かのうちにしっかりと身につけて、自分が責任者として現場を取り仕切れるようになったときには、その人の日本語には「日本語がお上手ですね」を遥かに上回る価値がついていることになります。

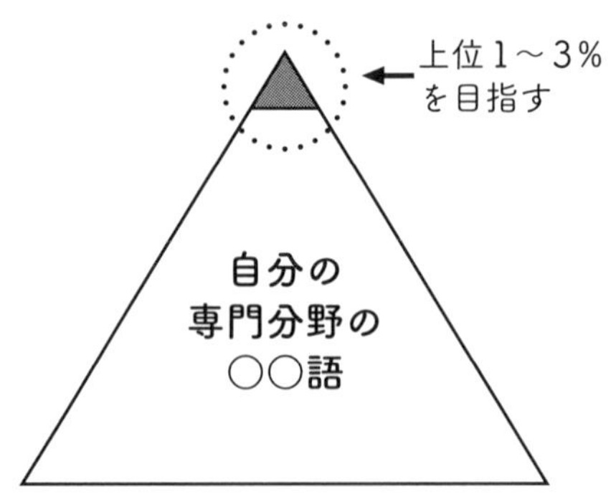

それから自分の国のホテルで働くことになれば、日本流のサービスを提供するノウハウや、そこで用いる日本語のスキルは、同業者の中でナンバーワンではなかったとしても、上位数％に入る競争力を持っていることになるでしょう。あるいは、そこまで磨きをかけていく準備ができていることは間違いないはずです。

自分以外に同じことをできる人たちがいたとしても、上位の1%か、そうでなくとも3%くらいを目指してみるのはどうでしょうか。

そうした取り組みをすることで、その人から学びたい人も出てくるのです。

同じように日本人学生も英語の力でナンバーワン、あるいは上位数％を目指すことを考えてみましょう。

商社に勤めて食品を担当したとします。そこでたとえばワインを扱う機会があったときには、ワインとその取引に関する英語を誰よりも詳しく知るつもりで学びます。たとえばカリフォルニアワインとそれに関連する英語は誰よりも熟知していて、上手に使えるという状態を目指すのです。

そうした取り組みをすることで、英語を使う仕事で頭角を現すことができますし、注目されるような仕事もできるようになっていきます。

著者の私自身も誰よりも英語がよくわかるというわけではなく、自分より上手な人たちがいくらでもいるのはわかっていましたが、「トヨタ生産方式」や、工場管理の手法である「5S」、「生産業務」に関する英語については、誰よりも詳しく正確に使えるようになることを目指して学び、書籍などの教材も作成してきました。

英語は学習する人もできる人も多いため、少しくらいできても、評価してもらえるどころか、逆にあら捜しをされることも多いものです。ライバルもたくさんいる中で、どのように身につけた英語を活かしていけばよいのか。これは英語をある程度身につけてから考えることになるテーマでしょう。

ぜひ学習に成功して、国際的なビジネスパーソンとして活躍していただきたいと思います。学習を続けて成果を出したときには、あなた自身が自分のノウハウを伝えられる人になっているでしょう。皆さんのご健闘をお祈りします。

参考文献

関口和之　『突然ですがキリギリス』（1983年／集英社）

二井原実　『ロックン・ロール・ジプシー』（1988年／JICC出版局）

松崎久純　『英文ビジネスレター＆Eメールの正しい書き方』（2004年／研究社）

『現場で役立つ　英会話でトヨタ生産方式 ―― CD付き』（2007年／日刊工業新聞社）

『英文ビジネスEメールの正しい書き方〔実践応用編〕』（2010年／研究社）

『英文ビジネスレターは40の構文ですべて書ける』（2011年／研究社）

『ものづくり現場の英会話ハンドブック』（2012年／研究社）

『音読でマスターするトヨタ生産方式〔普及版〕 ―― 英語で話すTPSのエッセンス』（2012年／研究社）

『CD付　ものづくりの英会話　5Sと作業現場』（2014年／三修社）

『ものづくりの英語表現　増補改訂版〈CD付〉』（2015年／三修社）

『イラストで覚える生産現場の英語 ―― 現地スタッフに伝えたいノウハウとルール』（2016年／ジャパンタイムズ）

『〔改訂新版〕英語で学ぶトヨタ生産方式 ―― エッセンスとフレーズのすべて』（2017年／研究社）

『海外人材と働くための　生産現場の英語エッセンシャル』（2021年／研究社）

「英語で伝えるMONOZUKURI」『日経ものづくり』（2007年4月号～2009年3月号／日経BP社）

This book was written between September 2020 and January 2021 with the most wonderful music of Led Zeppelin, Tesla, Pantera, Jeff Beck, Tony Macalpine, Urban Dance Squad, Mr. Bungle and John Coltrane.

著者紹介

松崎久純（まつざき　ひさずみ）

1967年生まれ。グローバル人材育成の専門家／経営コンサルタント。メーカー勤務等を経て、現在、サイドマン経営・代表。慶應義塾大学大学院システムデザイン・マネジメント研究科非常勤講師。南カリフォルニア大学東アジア地域研究学部卒業。名古屋大学大学院経済学研究科修了。著書に『ものづくりの英語表現　増補改訂版』『ものづくりの英会話　5Sと作業現場』（いずれも三修社）、『英文ビジネスレター＆Eメールの正しい書き方』『英語で学ぶトヨタ生産方式――エッセンスとフレーズのすべて』『ものづくり現場の英会話ハンドブック』（いずれも研究社）、『イラストで覚える生産現場の英語――現地スタッフに伝えたいノウハウとルール』（ジャパンタイムズ）など多数。

英語で仕事をしたい人の必修14講

2021年10月15日　初版第1刷発行

著　者――――松崎久純
発行者――――依田俊之
発行所――――慶應義塾大学出版会株式会社
〒108-8346　東京都港区三田2-19-30
TEL〔編集部〕03-3451-0931
〔営業部〕03-3451-3584〈ご注文〉
〃　03-3451-6926
FAX〔営業部〕03-3451-3122
振替00190-8-155497
https://www.keio-up.co.jp/
装丁・DTP――土屋　光
印刷・製本――中央精版印刷株式会社
カバー印刷――株式会社太平印刷社

Printed in Japan　ISBN978-4-7664-2758-5

慶應義塾大学出版会

大学生のための速読法

読むことのつらさから解放される

松崎 久純 著

読むスキルについての基本的な考え方から、大学生・大学院生に必須の文献—講義の配布資料、就職活動に関する本、論文、学術書など—を読みこなす具体的方法まで丁寧に解説。

A5判／並製／128頁
ISBN 978-4-7664-2401-0
定価 1,540円（本体 1,400円）
2017年3月刊行

◆主要目次◆